Kurt Tepperwein

Meine Beziehung zur Welt

Kurt Tepperwein

Meine Beziehung zur Welt

Sonderaulage

© by Kurt Tepperwcin
www.iadw.com

ISBN: 978-3-7597-6977-0

© 2007 by mvg Verlag, ein Imprint der Münchner Verlagsgruppe GmbH

Die Deutsche Nationalbibliothek verzeichnet diese Publikation
in der Deutschen Nationalbibliografie; detaillierte bibliografische Daten
sind im Internet über www.dnb.de abrufbar.

Umschlaggestaltung: www.layART.li
Umschlagmotiv: © depositphoto

Verlag: BoD • Books on Demand GmbH, In de Tarpen 42, 22848
Norderstedt
Druck: Libri Plureos GmbH, Friedensallee 273, 22763 Hamburg
Made in Germany

Internationale Akademie der Wissenschaften (IAW) Anstalt, FL-9490 Vaduz
Tel. +423/233 12 12

Inhaltsverzeichnis

WIE SIE AM BESTEN MIT DIESEM MINI-BUCH ARBEITEN

Dieses Mini-Buch bietet Ihnen einerseits praktische Lebenshilfe für alltägliche Lebenssituationen, andererseits zeigt es die Einbettung des Lebens in der Welt in einen größeren Zusammenhang. So geben Theorie und Praxis sich hier auf sinnvolle Weise die Hand.

Viel Wert wurde in diesem Mini-Buch auf die richtige Einstellung, die richtige Lebenshaltung gelegt, denn sie ist die Voraussetzung für ein gelingendes Leben und einen gelingenden Umgang mit der Welt. Sie werden in diesem Buch sehr viel über Ihre eigene, unverwechselbare Positionierung in der Welt erfahren, aber auch lernen, Ihre »Realität« mit Hilfe von Glaubenssätzen positiv zu verändern. Dies ist aber kein einmaliger Akt, sondern eine ständige Übung, so dass ich Ihnen den wiederholten Gebrauch dieses Buches ans Herz legen möchte. So erfahren Sie im Laufe der

Zeit, dass »die Welt« bereit ist, jede gewünschte Form anzunehmen, wenn wir den Mut aufbringen, unsere bisherigen und auch starr gewordenen Überzeugungen infrage zu stellen und durch bessere zu ersetzen.

Natürlich ist auch von großer Bedeutung, als »wer« Sie der Welt begegnen, ob als Müßiggänger, als Sucher oder als Entdecker. Im Leben müssen Sie ständig Entscheidungen treffen und Herausforderungen annehmen und oft liegt die Lösung für eine Aufgabe darin, herauszufinden, worin die eigentliche Aufgabe besteht. Auch dabei möchte dieses Buch Ihnen helfen.

Manche Kapitel werden Sie schneller und leichter lesen, bei manchen wird Ihr Verstand erst einmal stehen bleiben und langsam lesen, »prozessieren« wollen. Das ist völlig normal und natürlich.

Auch wenn die Kapitel in diesem Mini-Buch aufeinander aufbauen, so können Sie sich doch auch immer wieder ein Kapitel herauspicken, es genießen und dann zu einem anderen springen. Die Sinnsprüche am Ende der Kapitel runden nicht nur das jeweilige Thema ab, sondern laden auch dazu ein, damit tiefer in die Kontemplation zu gehen. Sie sind wie die kleinen, japanischen Papierkügelchen, die in das Wasser des Wissens geworfen sich zu wunderbaren Erkenntnisblumen entfalten. Auch wenn Ihnen »die Welt« in unsäglich vielen Erscheinungsformen begegnet, handelt es sich doch stets um das Eine, das Ihnen in den verschiedensten Situationen gegenübertritt. Es ist die Eine Kraft, die sich hinter der Welt verbirgt in der

Hoffnung, von Ihnen erkannt und als solche richtig angesprochen zu werden. Auf diesem Weg des Entdeckens wünsche ich Ihnen viel Freude.

Ihr Kurt Tepperwein

Wenn die Meister aufhören zu lehren,
werden die Schüler endlich lernen können.
Montesquieu (1689-1755)

VOM UMGANG MIT DEN SINNSPRÜCHEN IN DIESEM BUCH

Wie wir noch sehen werden, hat unsere Beziehung zur Welt sehr viel damit zu tun, ins Sein zu kommen und aus dem Selbst heraus zu handeln. Um Sie stets an das die Welt durchdringende Sein zu erinnern, finden Sie am Ende der meisten Kapitel einen Sinnspruch, einen Satz der Kontemplation, einen Koan. Seit alters her gibt es den Koan als Hilfe, um den Geist zu beruhigen und zum Wesentlichen zu kommen. Das Wort Koan ist japanisch und bedeutet wörtlich »öffentlicher Aushang«. Es handelt sich hierbei um eine Aussage, die als Meditationsgegenstand von Zen-Meistern geben wird.

Manche Koans wirken auf den Verstand paradox, unvernünftig oder sinnentstellt. Ihr Geheimnis ist, dass sie nur aus einem »erwachten« Bewusstsein heraus einen Sinn ergeben. Ein Aha-Effekt, japanisch Satori genannt, stellt sich ein. So zwingt der Koan dazu, das Bewusstsein in Richtung Selbst, Sein zu bewegen.

Ziel des Koans ist die Erkenntnis der Nichtzweiheit, die Erkenntnis, dass wir selbst von der Existenz nicht getrennt sind, ja tiefer noch, die leibhaftige Erfahrung dieser Verbundenheit.

Nach dem Verständnis des Zen ist ein erwachter Umgang mit der Welt nicht lehrbar im üblichen Sinne, sie kann nur jenseits von Worten erfasst werden, da das Sein nicht intellektuell zu begreifen ist. Die Realisierung eines Koans ist somit ein Bewusstseinssprung, keine verstandesmäßige Erfassung des Themas.

Für dieses Mini-Buch wurden nicht nur traditionelle Zen-Koans ausgewählt, sondern auch Aussagen moderner Mystiker und Erwachter. Jeder dieser Koans kann als Aussage in die innere Stille genommen werden. Er wirkt als Meditationsgegenstand, quasi als Andachtsbild oder Ikone, um an das Bewusstsein der Einheit allen Seins zu erinnern. Nehmen wir als Beispiel einen Koan von Issa:

> *»Noch kein Buddha geworden,*
> *träumt die alte Pinie weiterhin.«*

Wenn wir diesen Koan in der Tiefe bewegen, erkennen wir, dass die ganze Welt schläft, dass jeder Mensch, der sich seines wahren Wesens nicht bewusst ist, schlafwandelt. Er mag seinen Verstand benutzen, kluge Reden schwingen, äußerlich sehr laut sein, doch er ist eigentlich wie die schlafende Pinie. Dies drückt ein anderer Zen-Koan aus: »Es gibt Buddhas und Fliegen!« Wenn wir diesen Koan auf uns wirken lassen, finden wir eine neue Unterscheidung. Wir messen nicht mehr nach Klugheit, Reichtum oder äußerem Erfolg, sondern nach erwacht und unerwacht, stimmig und nicht stimmig, bewusst und unbewusst. Der Koan reflektiert aber nicht nur die äußeren Buddhas und Fliegen, sondern auch den Buddha und die Fliege in uns. Wie will ich mich der Lebenssituation stellen, in der ich gerade bin, und als wer? Als Buddha oder als Fliege, als erwachtes Bewusstsein oder als jemand, der gekränkt, verletzt, beleidigt oder Ähnliches ist? Wenn wir erwacht leben, werden wir feststellen, dass die ganze Welt erwacht ist. Der Buddhismus kennt den Begriff des Mahayana, des »großen Gefährtes« als Ausdruck des Zusammenwirkens von Erwachten. Wenn wir jedoch selbst erwachen, werden wir feststellen, dass die ganze Welt das »große Gefährt« ist. Dies meint Thich Nhat Hanh, wenn er sagt: »Im Buddhaland verweile ich!«

Am Anfang des Lebens kollidieren wir mit der Welt und ihren geistigen Gesetzen, weil wir uns ausleben müssen, nach dem Motto: »Was drin ist, muss raus!« Dadurch lernen wir aber aus ihnen, nach welchen Gesetzen diese Welt funktioniert. Es ist kein intellektuelles Lernen, denn das Verstandeswissen kann uns da nicht helfen. Es sind Erfahrungen, die wir machen. Auf der körperlichen Ebene bedeutet dies: Wenn wir mit dem Kopf gegen eine Wand rennen, holen wir uns eine Beule. Auf der geistigen Ebene: Wo wir hingespuckt haben, dort müssen wir auflecken. Auf diesem Weg des Lernens kommen wir von der Kollision mit den geistigen Gesetzen zur freudigen Zusammenarbeit mit ihnen. Wir stellen uns unter das Gesetz und erleben dabei, dass die Kraft, die uns bisher Beulen verpasst hat, uns nun Rückgrat gibt und uns schützt. Wir entdecken dabei unsere innere Unschuld wieder und erfahren im Durchschreiten der Gesetze den Zustand des Erwachens. Je öfter und je länger wir diesen Zustand erleben, umso mehr werden wir zu einem »Hüter des Erwachens«. Wir verraten nicht die Schöpfungsgeheimnisse, die wir erfahren haben, sondern wir leben das Erwachtsein in der Welt, indem wir es anregen, indem wir dem Erwachtsein und dem Schutz des Erwachens einen größeren Stellenwert einräumen als unserer eigenen Bequemlichkeit. Und als Erwachte erkennen wir, dass wir die Wahrheit nicht direkt vermitteln können, sondern dass sie sich selbst vermittelt – durch das Leben selbst. Der Koan ist letztendlich nichts anderes als eine Kunstform, um das, was hinter der Welt verborgen ist, zugänglich zu machen. Er ist die kürzeste und zugleich umfassendste Form von Poesie. Er schlägt eine Brücke zwischen der Welt und der Existenz, dem, was hinter der Welt verborgen ist. Deshalb ist der Koan so wertvoll für uns.

Auch wenn die Stilform des Koans ihre Wurzeln im Buddhismus hat, ist sie doch unabhängig von ihm. Ob

der, der zu sich selbst erwacht, Moslem, Christ,
Buddhist oder Hindu ist, spielt für das Selbst keine
Rolle, da Religionen bestenfalls Glaubenssysteme dar-
stellen, die wir vor der letzten Stufe des Erwachens
zurücklassen müssen. Ähnlich wie die Aussagen anderer Traditionen, wie etwa von Jesu »liebe deinen
Nächsten wie dich selbst« oder die von Laotse »der
Name, der gesagt werden kann, ist nicht der Name des
Namenlosen« führen Koans zu einer universellen und
letztendlich formfreien Erfahrung, die jedem von uns
eingeboren ist und auf die jeder von uns ein Anrecht
hat.

Manchmal gibt der Koan auch Hinweise auf einen
Weg, wie wir die Einheit mit allem Sein erreichen und
leben können. Zu Beispiel:

Wenn wir diesen Satz in die innere Stille nehmen,
sind wir uns stets dessen bewusst, dass wir selbst der
Beobachter sind. Das heißt es, im Subjektiven zu
verharren: Wir nehmen wahr, was die Wahrnehmung
in uns auslöst, statt die Welt (den Partner, das Ereignis,
die Eltern …) für unsere eigene Wahrnehmung verantwortlich zu machen. Dadurch erleben wir Freiheit,
denn *wo die Verantwortung ist, da ist auch unsere
Macht.*

Auch wenn es sich bei diesem Mini-Buch um den
Umgang mit der Welt handelt, verweist Ihre Lebenssituation in der Welt doch stets auf Sie (Ihr) s(S)elbst,
darauf, als wer Sie mit der Welt umgehen. Die Koans
können Ihnen helfen, das Selbst zu erfahren, aus dem

Sein heraus zu handeln und auf eine erwachte Weise mit der Welt umzugehen. Dabei wünsche ich Ihnen viel Erfolg und Freude!

Wenn du Reis kochst, wisse,
dass das Wasser dein eigenes Leben ist.
(Unbekannt)

DREI LEBENSSTILE:
WELTLICH, WELTFREMD
UND WELTERKENNEND

Thema dieses Mini-Buches ist »meine Beziehung zur Welt«, doch was ist das eigentlich, »die Welt«? Das Wort Welt kommt aus dem Germanischen, wo es »Zeitalter«, »Menschengeschlecht« bedeutet. Wir finden das Wort auch noch im althochdeutschen »weralt«, von dem die heutigen Begriffe »wer« (z.B. »Werwolf«), »alt« und »Welt« abstammen.

Gemäß Definition umfasst »die Welt« alles, was sinnlich wahrnehmbar ist. Im Gegensatz dazu steht das sinnlich nicht Wahrnehmbare. Unsere Sprache kennt als Gegenwort zu »Welt« das Wort Gott, die hinter dem Schein befindliche, sinnlich nicht wahrnehmbare »universelle Energie«. So sagt man auch: »Über Gott und die Welt reden!« Zugleich können wir »die Welt«

nur meistern, wenn wir uns mit der »Wahrheit hinter dem Schein« verbinden.

Da es begrifflich auch die *Welt des Jenseits* gibt, die in den verschiedenen Religionen unterschiedlich benannt wird und verschiedene Bedeutungen (diverse Ebenen, Himmel usw.) hat, gehört auch sie noch zum Thema Welt. Wir wollen uns in diesem Buch allerdings vorwiegend mit der physischen und der psychischen Welt auseinandersetzen.

Begrifflich trennen wir den »weltlichen« vom »weltfremden« Menschen. Wir verstehen unter dem weltlichen Menschen jemanden, der auf den schnöden Schein fixiert ist und die Auseinandersetzung mit den höheren Dingen des Lebens wie Muse, Kunst oder universelle Energie scheut. Das andere Extrem ist derjenige, der die Welt scheut, der Weltfremde.

Bei genauerem Hinschauen erkennen wir, dass die Auseinandersetzung mit der Welt eine Notwendigkeit auf unserem Weg zur Selbsterkenntnis ist. »Welterkenntnis« verbindet sich sinnvoll mit »Gotteserkenntnis« bzw. der Erkenntnis der hinter jedem und allem waltenden Kraft.

Weltfremd zu sein bedeutet also nicht automatisch, »gottnah« zu sein, dies ist ein weit verbreitetes Missverständnis. Immerhin war es Gott/die universelle Kraft, der bzw. die die Welt schuf. Wer weltfremd nur das Geistige sucht, ohne die Welt zu verstehen und das, was die Auseinandersetzung mit ihr von ihm fordert,

der verpasst dadurch einen wichtigen Schritt hin zu
seiner eigenen Ganzheit.

Wir können einräumen, dass es seit alters her den
vorübergehenden Rückzug von der Welt als Hilfe gibt,
um sich selbst zu finden und die weltlichen Bande zu
lösen, das Exerzitium oder den Retreat. Doch wenn
wir uns zurückgezogen, gesammelt, auf uns selbst
besonnen haben, müssen wir wieder zurück in die Welt
und dort unsere Meisterprüfung ablegen. Gelingt es
uns nun schon, die Wahrheit hinter dem Schein zu
durchschauen und erwacht zu leben, oder lassen wir
uns noch von der Welt verschlingen?

Sogar für den tibetanischen Mönch oder den vollen-
deten Yogi gehört die »Arbeit am Weinberg Welt« zu
seinem Weg. Erwachtes Wirken zeigt sich dann in dem
Jesuswort: »Nicht ich, sondern der Vater durch mich
tut die Werke«, das heißt, die Hände arbeiten in der
Welt und das Bewusstsein ist mit der Einen Kraft
verbunden. Auf dem Weg unseres Erwachens setzen
wir uns also folgerichtig mit der Welt auseinander.
Stets stellt sich für uns im Umgang mit ihr die Frage,
wem wir verpflichtet sind: der Bequemlichkeit, Emoti-
onen, Vorstellungen oder dem Erwachen. Deshalb
werden wir uns auch noch ausgiebig mit den sieben
Todsünden befassen und lernen, sie aus einer neuen,
erwachteren Perspektive heraus zu verstehen. Um ein
Beispiel zu nehmen: Es geht nicht darum, dass Sinnen-
genuss schlecht ist – sogar Joseph Ratzinger, der
heutige Papst Benedikt XVI., hat sich in seinen Schrif-

ten öffentlich zum Eros als Brückenbauer auf dem Weg bekannt[1] –, sondern wir sollten zur rechten Zeit, am rechten Platz und im rechten Bewusstsein genießen und uns nicht blenden lassen. In der Kunst des Mittelalters, aber auch in verschiedenen späteren Artefakten (etwa in Wagners »Tannhäuser«) wird zwischen »dem wahren Schönen« und dem »Blendwerk der Welt« unterschieden.

»Frau Welt« galt als sinnenbetörende Versuchung durch weltliche Sinnenfreude und weltliches Glück. Oft wurde sie von vorn als schöne, betörende Frau dargestellt, ihr Rücken aber war voller Eiter und grässlichem Ungeziefer. Ihre Verführungskraft und Vergänglichkeit wurde damit der Verderben bringenden Verlockung der Voluptas, des blindmachenden Verlangens nach weltlichem Genuss, gleichgestellt. Am Wormser Dom findet sich an der rechten Seite des Südportals eine Darstellung von »Frau Welt« in einer Figurengruppe, die kurz nach 1298 nach dem Vorbild des Straßburger Münsters entstand. Vor ihr kniet anbetend ein Ritter, der von ihrer äußeren Erscheinung geblendet ist. Sie offenbart ihre wahre Natur aber nur dem, der ihre Rückseite mit Kröten und Schlangen und dem ganzen Unrat der Welt sieht, also »hinter die Dinge schauen« kann.[2]

Wir können – wie oben schon angedeutet – von drei Lebensstilen sprechen:

- Der *weltliche* Mensch nimmt zwar die Welt in sich auf, aber nur an ihrer Oberfläche. Er durchschaut nicht die Wahrheit hinter dem Schein. Sein Handeln ist nicht der Erkenntnis geweiht, sondern die Sinne gehen mit ihm durch.
- Der *weltfremde* Mensch sucht seine Erfüllung in anderem als im Weltlichen, er sucht der Auseinandersetzung mit der Welt zu entgehen und verpasst dadurch das Wachstum, das ihm gerade diese Auseinandersetzung bieten könnte. Er flieht das Sinnliche, statt es zu zähmen und weise mit ihm umzugehen.
- Der *welterkennende* Mensch setzt sich mit der Welt konstruktiv auseinander, nicht um sie auszuschlachten, sondern im Dienste der eigenen und später der globalen Entwicklung. Er trachtet danach, die Wahrheit hinter dem Schein zu erkennen und dem auf die Spur zu kommen, was »die Welt im Innersten zusammenhält«.

Dieses Mini-Buch ist der konstruktiven, bewussten Auseinandersetzung mit der Welt gewidmet, denn nur dieser letztere Weg kann wahre Erfüllung schenken.

> *Wenn ich absolut klar bin,*
> *dann ist das, was ich will,*
> *genau das, was ich habe.*
> (Byron Katie)

Seelen durchwandern das Universum.
Verloren gegangen oder gestohlen,
abgeschnitten von den Geliebten,
abgespalten von der Liebe.
Sanft, vorsichtig rufen wir sie zurück zu uns,
suchen nach ihnen in dunklen Ecken,
hauchen ihnen wieder Leben ein mit unserem Atem.
Wir heißen sie zu Hause willkommen.
(Ellen Jaffe Bitz)

DAS MÄRCHEN VON FRAU HOLLE

UND SEINE VERBORGENE

BEDEUTUNG

Das Märchen von Frau Holle wird von den Gebrüdern Grimm wie folgt erzählt: »Eine Witwe hatte zwei Töchter, davon war die eine schön und fleißig, die andere häßlich und faul. Sie hatte aber die häßliche

und faule, weil sie ihre rechte Tochter war, viel lieber,
und die andere mußte alle Arbeit tun und das Aschen-
puttel im Hause sein. Das arme Mädchen mußte sich
täglich auf die große Straße bei einem Brunnen setzen
und mußte so viel spinnen, daß ihm das Blut aus den
Fingern sprang. Nun trug es sich zu, daß die Spule
einmal ganz blutig war, da bückte es sich damit in den
Brunnen und wollte sie abwaschen; sie sprang ihm
aber aus der Hand und fiel hinab. Es weinte, lief zur
Stiefmutter und erzählte ihr das Unglück. Die schalt es
aber so heftig und war so unbarmherzig, daß sie
sprach: ›Hast du die Spule hinunterfallen lassen, so hol
sie auch wieder herauf.‹

Da ging das Mädchen zu dem Brunnen zurück und
wußte nicht, was es anfangen sollte; und in seiner
Herzensangst sprang es in den Brunnen hinein, um die
Spule zu holen. Es verlor die Besinnung, und als es
erwachte und wieder zu sich selber kam, war es auf
einer schönen Wiese, wo die Sonne schien und viele
tausend Blumen standen. Auf dieser Wiese ging es fort
und kam zu einem Backofen, der war voller Brot; das
Brot aber rief: ›Ach, zieh mich raus, zieh mich raus,
sonst verbrenn ich: Ich bin schon längst ausgebacken.‹
Da trat es herzu und holte mit dem Brotschieber alles
nacheinander heraus. Danach ging es weiter und kam
zu einem Baum, der hing voll Äpfel und rief ihm zu:
›Ach, schüttel mich, schüttel mich, wir Äpfel sind alle
miteinander reif.‹ Da schüttelte es den Baum, daß die
Äpfel fielen, als regneten sie, und schüttelte, bis keiner

mehr oben war; und als es alle auf einen Haufen
zusammengelegt hatte, ging es wieder weiter. Endlich
kam es zu einem kleinen Haus, daraus guckte eine alte
Frau, weil sie aber so große Zähne hatte, ward ihm
angst, und es wollte fortlaufen. Die alte Frau aber rief
ihm nach: ›Was fürchtest du dich, liebes Kind? Bleib bei
mir, wenn du alle Arbeit im Hause ordentlich tun willst,
so soll dir's gut gehn. Du mußt nur achtgeben, daß du
mein Bett gut machst und es fleißig aufschüttelst, daß
die Federn fliegen, dann schneit es in der Welt; ich bin
die Frau Holle.‹ Weil die Alte ihm so gut zusprach,
faßte sich das Mädchen ein Herz, willigte ein und
begab sich in ihren Dienst. Es besorgte auch alles nach
ihrer Zufriedenheit und schüttelte ihr das Bett immer
gewaltig auf, daß die Federn wie Schneeflocken umher-
flogen; dafür hatte es auch ein gutes Leben bei ihr, kein
böses Wort und alle Tage Gesottenes und Gebratenes.
Nun war es eine Zeitlang bei der Frau Holle, da ward
es traurig und wußte anfangs selbst nicht, was ihm
fehlte, endlich merkte es, daß es Heimweh war; ob es
ihm hier gleich vieltausendmal besser ging als zu Haus,
so hatte es doch ein Verlangen dahin. Endlich sagte es
zu ihr: ›Ich habe den Jammer nach Haus kriegt, und
wenn es mir auch noch so gut hier unten geht, so kann
ich doch nicht länger bleiben, ich muß wieder hinauf zu
den Meinigen.‹ Die Frau Holle sagte: ›Es gefällt mir,
daß du wieder nach Haus verlangst, und weil du mir so
treu gedient hast, so will ich dich selbst wieder hinauf-
bringen.‹ Sie nahm es darauf bei der Hand und führte es

vor ein großes Tor. Das Tor ward aufgetan, und wie das
Mädchen gerade darunter stand, fiel ein gewaltiger
Goldregen, und alles Gold blieb an ihm hängen, so daß
es über und über davon bedeckt war. ›Das sollst du
haben, weil du so fleißig gewesen bist‹, sprach die Frau
Holle und gab ihm auch die Spule wieder, die ihm in
den Brunnen gefallen war. Darauf ward das Tor ver-
schlossen, und das Mädchen befand sich oben auf der
Welt, nicht weit von seiner Mutter Haus; und als es in
den Hof kam, saß der Hahn auf dem Brunnen und rief:
›Kikeriki, unsere goldene Jungfrau ist wieder hie.‹

Da ging es hinein zu seiner Mutter, und weil es so
mit Gold bedeckt ankam, ward es von ihr und der
Schwester gut aufgenommen. Das Mädchen erzählte
alles, was ihm begegnet war, und als die Mutter hörte,
wie es zu dem großen Reichtum gekommen war, wollte
sie der andern, häßlichen und faulen Tochter gerne
dasselbe Glück verschaffen. Sie mußte sich an den
Brunnen setzen und spinnen; und damit ihre Spule
blutig ward, stach sie sich in die Finger und stieß sich
die Hand in die Dornhecke. Dann warf sie die Spule in
den Brunnen und sprang selber hinein. Sie kam, wie die
andere, auf die schöne Wiese und ging auf demselben
Pfade weiter. Als sie zu dem Backofen gelangte, schrie
das Brot wieder: ›Ach, zieh mich raus, zieh mich raus,
sonst verbrenn ich, ich bin schon längst ausgebacken.‹
Die Faule aber antwortete: ›Da hätt ich Lust, mich
schmutzig zu machen‹, und ging fort. Bald kam sie zu
dem Apfelbaum, der rief: ›Ach, schüttel mich, schüttel

mich, wir Äpfel sind alle miteinander reif.‹ Sie antwortete aber: ›Du kommst mir recht, es könnte mir einer auf den Kopf fallen‹, und ging damit weiter. Als sie vor der Frau Holle Haus kam, fürchtete sie sich nicht, weil sie von ihren großen Zähnen schon gehört hatte, und verdingte sich gleich zu ihr. Am ersten Tag tat sie sich Gewalt an, war fleißig und folgte der Frau Holle, wenn sie ihr etwas sagte, denn sie dachte an das viele Gold, das sie ihr schenken würde; am zweiten Tag aber fing sie schon an zu faulenzen, am dritten noch mehr, da wollte sie morgens gar nicht aufstehen. Sie machte auch der Frau Holle das Bett nicht, wie sich's gebührte, und schüttelte es nicht, daß die Federn aufflogen. Das ward die Frau Holle bald müde und sagte ihr den Dienst auf. Die Faule war das wohl zufrieden und meinte, nun würde der Goldregen kommen; die Frau Holle führte sie auch zu dem Tor, als sie aber darunter stand, ward statt des Goldes ein großer Kessel voll Pech ausgeschüttet. ›Das ist zur Belohnung deiner Dienste‹, sagte die Frau Holle und schloß das Tor zu. Da kam die Faule heim, aber sie war ganz mit Pech bedeckt, und der Hahn auf dem Brunnen, als er sie sah, rief: ›Kikeriki, unsere schmutzige Jungfrau ist wieder hie.‹ Das Pech aber blieb fest an ihr hängen und wollte, solange sie lebte, nicht abgehen.«

Wir treffen nie eine Entscheidung.
Wenn die Zeit reif ist, trifft die Entscheidung sich selbst.
(Byron Katie)

Nicht, wie glücklich man lebt, ist entscheidend,
sondern wie beglückend.
(Curt Goetz)

FRAU WELT – FRAU HOLLE – WO FINDEN WIR DEN WAHREN SINN UNSERES LEBENS?

In der Auseinandersetzung mit dem Leben haben wir bereits verschiedene geistige Haltungen kennengelernt. Da gibt es einmal die Möglichkeit, der Welt zu verfallen – die Betörung durch die Sinne. Das sind die Menschen, die »Schwein am Futtertrog« spielen und die Welt als einen riesigen Supermarkt betrachten, der ausschließlich der eigenen Sinnesbefriedigung dienen soll.

Das Märchen erzählt uns von der Pechmarie, die die Hinweise des Lebens übersieht, und der »Goldmarie«, die sich vom Leben führen lässt. Pechmarie und

Goldmarie sind die Inbilder des Menschen, Archetypen in uns im Sinne von C. G. Jung. Der Brunnen steht als Symbol für die Gebärmutter und das Tor als Symbol für den Durchgang der Seele von der physischen Welt in die geistige Dimension nach dem Tode.

Das Märchen von Frau Holle stammt aus dem Mittelalter. Der Name Frau Holle ist dabei nichts anderes als die Bezeichnung für eine germanische Göttin. Es ist mythologisch unklar, ob sich Holle auf die Göttin Hel (Hel, Hölle) oder Holda (Hulda, huldigen, Holunder, Holla, Holler) bezieht. »Frau Hulla kennt keiner, Frau Holle schon eher jemand. Doch wer war diese Hulla (Holla), welche Spuren eines möglichen Matriarchats wurden in den Mythen und Märchen der Deutschen hinterlassen? Hinter der Frau Holle verbirgt sich mehr als nur eine Frau, die gerne Betten aufschüttelt. Frau Holle ist ein Überwesen, fast ausgelöscht aus der Zeit, doch ihr Fingerabdruck ist immer noch da, auch nach so vielen Jahrtausenden des Vergessens und des Verdrängens.«[3]

Ob es sich bei dem Reich von Frau Holle um eine geistige Dimension handelt, in der wir während unseres Wirkens Früchte für das Jenseits ernten, oder um die Welt selbst, ist bei den verschiedenen Märchendeutern strittig: »In den Märchen spiegeln sich tiefe menschliche Erfahrungen und Sehnsüchte. Es geht immer wieder um das Überleben des Bedrohten, den Aufstieg des Verachteten, um die Balance von Männlichem und Weiblichem, um Festhalten und Loslassen.

›Frau Holle‹ behandelt die uralte Frage nach dem
Unterschied von Gut und Böse … Ein Märchen, das
auf die philosophische und religiöse Frage nach dem
Sinn des Leidens eine Antwort gibt und die scheinbare
Unordnung und Ungerechtigkeit des Seins erklärt.
Frau Holle als die große Göttin, die Mutter Erde, zu
der man gelangt, wenn man den Weltenbrunnen in die
Unterwelt hinabsteigt. Und die Stiefmutter als die Frau
Welt, die Schlechtigkeit der äußeren, materiellen Welt,
die Gegenspielerin von Frau Holle.«[4]

Wichtiger als die Zuordnung von »Frau Holle« ist
unsere eigene Positionierung zu den verschiedenen
Aufgaben des Lebens. Auch wenn wir in diesem
Märchen ein sehr anschauliches Beispiel dafür vorfin-
den, wie sich das Gesetz von Ursache und Wirkung
beim einzelnen Menschen zeigt, so wird es doch sehr
häufig missverstanden. Generationen von Müttern
haben ihre Kinder mittels dieses Märchens zu einem
tugendhaften Leben zu erziehen versucht, »auf dass es
dir nicht so ergehe, wie der Pechmarie«.

Moralische Anweisungen, die ohne Herzensregung
und ausschließlich aus Vorteilsdenken heraus befolgt
werden, haben aber nicht die Kraft, uns zu wandeln.
Und dies ist die eigentliche Aufgabe unseres Daseins in
der Welt, sie »als ein anderer« wieder zu verlassen.
Wer ausschließlich aus Berechnung heraus gut, fleißig
und hilfsbereit ist, der verpasst die notwendige Auseinandersetzung mit dem eigenen Ungelösten. Wie Ingrid
Riedel in ihrem Buch »Tabu im Märchen. Die Rache

der eingesperrten Natur«[5] einleuchtend darstellt, ist der Tabubruch nicht nur ein unabdingbarer Schritt auf dem Wege der Selbstwerdung, sondern er hilft, kollektives Verdrängtes »aus der Versenkung zu befreien« und in die Gesellschaft zu integrieren. So dürfen wir »Frau Holle« nicht als Aufforderung verstehen, sich nach dem zu richten, was »man tut«, sondern als Ermunterung, dem eigenen Gesetz zu folgen, sich um das zu kümmern, was »der Fall« ist.

Erst in der Auseinandersetzung mit dem »Gesetz von Frau Holle« und seiner Feinabstimmung mit dem »Gesetz, nach dem du angetreten« ergibt sich unsere stimmige Beziehung zur Welt. Obwohl wir genau wissen, dass wir nach dem Gesetz von Ursache und Wirkung Schwierigkeiten bekommen, wenn wir unserer eigenen Natur nachgehen, müssen wir dies immer wieder tun. Denn ohne die Fehler, die wir auf diesem Weg machen, würde unserer Selbsterkenntnis noch etwas »fehlen«. Es ist das »Salz des Lebens«, das wir nur gewinnen können, wenn wir uns selbst die Treue halten und dabei erlauben, dass das Leben uns schmiedet und wandelt. Es ist ein Ringen um den Einklang mit dem Einen Gesetz, kein blindes Befolgen.

So ist das Leben ein Paradox. Auch wenn wir wissen, dass es immer wieder unangenehme Folgen nach sich zieht, den »eigenen« Weg zu gehen, können wir doch nichts anderes tun, als zu spüren, was für uns stimmt, denn als »wir selbst« müssen wir uns verantworten, nicht als jemand anderer, nur so wird uns das Erwachen zuteil.

In einem erwachten Umgang mit der Welt zeigt sich letztendlich auf unserem Weg etwas, das von anderen durchaus als Tugendhaftigkeit wahrgenommen werden kann, die aber nicht aus Moralismen stammt, sondern uns ein Bedürfnis ist, weil wir allesamt Liebende sind, weil Liebe und Stimmigkeit unsere wahre Natur ist.

In der Auseinandersetzung mit der Welt geht es also nicht um blinden Gehorsam, sondern um Selbsterfahrung, darum, »Welt aufzuessen«, also Erfahrungen zu machen und daraus zu lernen. Tabubruch, Läuterung und daraus erwachsendes höheres Wissen gehören gerade am Anfang unseres Weges ebenso dazu, wie das Bedürfnis nach individueller Stimmigkeit und sie in Einklang mit den weltlichen und geistigen Gesetzen zu bringen. Stets ist das Wichtigste, »sich selbst« treu zu sein und dabei den Schatz am Ende des Regenbogens zu entdecken.

Tagore schreibt dazu: »Ich will mit Siegeszeichen dich bekleiden, mit Blütenblättern meiner Niederlagen. Dir zu entrinnen unbesiegt ist nicht in meine Macht gegeben. Gewiss, ich weiß, mein Stolz will auf die Mauer steigen, mein Leben will die Grenzen sprengen in unerhörter Pein, mein Herz will gleich einem hohlen Rohr aufschluchzen in Musik, der Stein in Tränen schmelzen. Gewiss, ich weiß, die hundert Blütenblätter der Lotusblume werden für immer nicht geschlossen bleiben. Die geheime Höhle ihres Honigs wird geleert. Vom Himmel wird ein Auge auf mich schauen, wird mich in Schweigen kommen heißen. Nichts mehr wird mir übrig bleiben, gar nichts. Und doch wird mir gegeben – zu Deinen Füßen.«[6]

Ob wir auf dem Weg wie »Hans im Glück« alles Weltliche verlieren oder wie im Märchen vom »Teufel mit den drei goldenen Haaren« im Durchschreiten der Unterwelt die große Weisheit erlangen, liegt in der individuellen Lebensdisposition des Einzelnen begründet. In dem Kapitel »Zweiundzwanzig Wege im Umgang mit der Welt« (siehe Seite 74ff.) werden Sie entdecken, wie unterschiedlich die jeweiligen Lebensherausforderungen sein können. So wie jeder in seiner eigenen Welt lebt, so hat auch jeder einen eigenen Schicksalsweg, den er auf seine einzigartige Weise begeht und letztendlich meistert.

Meine Deutung des Märchens von Frau Holle, »tun, was zu tun ist«, kann uns aus meiner Sicht mehr Trost und Stimmigkeit vermitteln als die moralische Interpretation, wir sollten tun, was uns gesagt wird. Meiner Meinung nach finden wir in diesem Märchen die Bereitschaft zur Lebensannahme. Am Apfelbaum zu rütteln kann bedeuten, die reif gewordenen Chancen zu ergreifen, die das Leben uns bietet, anzunehmen, was uns gegeben wird, egal, ob der Apfel gerade süß oder sauer schmeckt. Auch können wir im Apfelbaum das Gleichnis der Annahme der Lebensfrüchte sehen, den biblischen »Baum der Erkenntnis« oder auch die Aufforderung, die eigene Leiblichkeit (Baum

und Äpfel als Verkörperung des eigenen Körpers und
der weiblichen Brüste) anzunehmen.

Der Ofen versinnbildlicht möglicherweise die Bereitschaft, die Kinder zu gebären (aus dem Ofen zu holen),
die im Mutterbauch gereift sind – oder auch die Projekte,
die im Geiste fertig gebacken sind. Was im Feuer der
Ideen fertiggestellt wurde, kann in die Welt des Genieß-
baren überführt werden. Nicht die Inspiration allein
(Feuer), sondern das Ausreifen (backen) und Überführen
in die alltägliche Wirklichkeit (aus dem Ofen holen)
sorgen für Erfüllung. Das Bettenschütteln lässt sich auf
vielerlei Weise verstehen. Es kann ein Symbol dafür sein,
als »Goldmarie« zum Erwachen beizutragen und den
Schlaf der Unbewusstheit abzuschütteln. Aus meiner
Sicht gebietet das Märchen von Frau Holle Lebensannahme, die »Verweigerung an der Teilnahme am Leben«
aufzugeben und »das Seinige« zu tun. Das kann für den
Arbeitslosen sein, sich seine Arbeitslosenunterstützung
abzuholen, für den Schmuggler, zu schmuggeln, für den
Ehemann, seine Frau zu lieben, und für den Professor,
seinen Vortrag zu halten. Ich deute das Märchen von
Frau Holle nicht moralisch, sondern glaube, dass in der
Tiefe des Herzens jeder weiß, was für ihn, und nur für
ihn, stimmt, wenn er nur tief genug bei sich selbst
nachforscht.

Kennzeichnend für Goldmarie war ihre »Unschuld
des Herzens«. Alle drei Taten erfolgten durch sie frei
von jeglicher Berechnung. Sie tat es, weil es für sie
stimmte. Wenn wir lesen, dass Pechmarie aus Berech-

nung handelte, erkennen wir auch, dass dies nicht geglückt ist. Im entscheidenden Moment kann nur die Unschuld des Herzens uns den Impuls zur rechten Tat geben, nicht Moralismus oder kluger Vorsatz.

Im Film »Indiana Jones und der heilige Gral« finden wir ein sehr schönes Sinnbild für »die rechte Tat«, die nicht immer moralisch oder logisch ermessen sein muss. Ein drittes Sinnbild, die Sage von Parzival, zeigt, dass es gerade auf diese Unschuld des Herzens ankommt und wie sie die Dinge zum Positiven wendet. Es ist die Akzeptanz angesichts der Konfrontation mit dem Ungelösten, die heilt und nährt, nicht die Berechnung.

Insoweit dienen wir eigentlich zwei Welten: der Welt der Tugend, die sich durch uns in dieser »Reise des Helden«, die wir ein Leben nennen, zeigen will, und der Welt des Ungelösten, die durch uns erlöst werden möchte, damit wir an unsere wahre Tugend (im Gegensatz zur Scheinheiligkeit) kommen. Beides vollbringen wir, wenn wir bei allem, was wir tun, ganz »wir selbst« sind.

Das Märchen von Frau Holle spiegelt uns auch unsere *eigene* Seelenreise. Baum, Ofen und Betten sind Anteile von uns, die prozessiert werden möchten, damit unsere Innenwelt wieder in Ordnung kommt.

In der Situation, die du jetzt vor dir hast,
sonst nirgendwo ist Erwachen zu finden –
oder gar nicht.
(Christmas Humphreys)

Niemand weiß, ob die Raupe
ihre Umwandlung in einen Schmetterling
als angenehm empfindet.
(Unbekannt)

DAS HOMÖOPATHISCHE
WELTBILD

Man hat uns gesagt, wir sollten tugendhaft sein. Und diese Regeln stammen von Menschen, die erkannt haben, wie das Gesetz von Ursache und Wirkung funktioniert. Leider haben viele von ihnen vergessen, dass sie zu ihrer Selbsterkenntnis über den Weg der Erfahrungen gekommen sind, dass auch bei ihnen rechtes Bemühen allein nicht ausgereicht hatte. Der »Baum der Erkenntnis« beinhaltet, dass wir »unseren« Weg gehen müssen, nicht den idealen, dass es auf den stimmigen nächsten Schritt ankommt, nicht auf das Ziel.

Ein Fluss hat Windungen und Biegungen, auf denen er zielsicher seinen Weg zum Meer findet. Er muss dabei er selbst bleiben. Wüsste er von vornherein, in welcher Himmelsrichtung das Meer zu finden ist, und wollte er schnurstracks darauf zufließen, geriete er ins Stocken, weil er nicht mehr seinem natürlichen Verlauf folgen könnte. Das Ideal und der natürliche Fluss scheinen manchmal entgegengesetzt gerichtet zu sein: Das Flussbett verläuft ein Stück Richtung Norden, während das Meer im Süden liegt – und doch muss der Fluss seinem Lauf folgen. Ihn mit Gewalt in Richtung Süden zu zwingen entspräche dem Prinzip der geistigen Allopathie – einem starren Idealismus, der Kreuzrittertum begünstigt und letztendlich krank macht. Der Fanatiker befindet sich in tiefer Unwissenheit darüber, wie die Dinge im Verborgenen laufen. Wir müssen in der Auseinandersetzung mit der Welt mit dem Fluss gehen. Dieser Flow entspricht der eigenen Wahrheit und auch dem Prinzip der geistigen Homöopathie. Was ist damit gemeint? So wie es in der Medizin die Allopathie und die Homöopathie gibt, so kennen wir beide Prinzipien auch im geistigen Bereich. Daher ist es wertvoll, sich ein wenig mit Homöopathie und Allopathie zu beschäftigen, weil diese Prinzipien nicht nur auf der körperlichen Ebene, sondern auch bei der Lebensbewältigung von großer Bedeutung sind.

Die Homöopathie ist in letzter Konsequenz eine wissenschaftliche Heilslehre. Sie weiß, dass alles, was jemand unterdrückt, betäubt, aufputscht, ersetzt, ver-

drängt oder sublimiert, ihn daran hindert, sich auf sich
selbst zu konzentrieren und die notwendigen Heilkräf-
te in Gang zu setzen. Die Homöopathie geht davon
aus, dass jede Form von Krankheit durch eine gestörte
Beziehung zwischen dem Körper/Gemüt und dem
Selbst/dem Sein bedingt ist. Sie hat Wege erforscht,
diese Beziehung wieder in Ordnung zu bringen. Dabei
folgt sie dem alten Gesetz »similia similibus curantur«
(Ähnliches wird durch Ähnliches geheilt), oder wie es
das Sprichwort sagt: »Nimm einen Dorn, um einen
Dorn aus dem Finger zu holen, und wirf danach beide
weg!« Man bedient sich also eines der Entartung
ähnlichen Mittels, damit die Bewusstheit über die
Entartung erwachsen kann, die die Störung beseitigt.

Den Unterschied zwischen homöopathischem und
allopathischem Weltbild mag folgendes praktische
Beispiel zeigen: Wenn sich jemand an einer heißen
Herdplatte verbrennt, kann er die Finger unter kaltes
Wasser halten und hoffen, dadurch die Verbrennungs-
folgen geringer zu halten – das ist Allopathie. Er kann
aber auch noch einmal ganz bewusst die verbrannten
Finger kurz auf die heiße Herdplatte legen – dies ist das
homöopathische Prinzip praktisch angewandt. Zu seinem Erstaunen wird er feststellen, dass die Verbren-
nung im zweiten Falle wesentlich schneller heilt.

Dieses Gesetz ist uralt. Bereits Hippokrates erkann-
te, dass ein Mittel (Droge, Gift oder Ähnliches), das bei
Gesunden bestimmte Erkrankungen hervorruft, bei
Kranken mit ähnlichen Zuständen heilend wirkt. Spä-

ter stellte man anhand der »Signaturenlehre« fest, dass sich in der Natur Gleichnisse und Sinnbilder finden, die sich für Heilungszwecke verwenden lassen. So wurden beispielsweise gelbe Pflanzensäfte als Lebermittel eingesetzt, nachdem man gesehen hatte, dass die Gallenflüssigkeit gelblich war. Samuel Hahnemann entdeckte und vervollständigte das Wissen von den Ähnlichkeitsgesetzen, als er im Jahre 1790 auf die Behauptung stieß, Chinarinde würde bei Malaria helfen. Er machte einen entsprechenden Selbstversuch und bekam daraufhin dieselben Symptome wie ein Malariakranker. Daraufhin prüfte er andere Mittel wie Aconit, Belladonna etc. und merkte jedes Mal, dass diese Mittel genau die Erkrankungen bei ihm auslösten, von denen jeweils entsprechend Kranke durch genau diese Mittel geheilt werden konnten. Er begann daraufhin seine Heilmethode Homöopathie zu nennen (Homöopathie = griech. »ähnliches Leiden«) im Gegensatz zur Allopathie (griech, »alles« = das andere, das Gegensätzliche). Um die Wirkung seiner Medikamente zu verstärken und ihnen zugleich ihre Gefährlichkeit zu nehmen (z.B. bei Schlangengift etc.), begann er sie zu verschütteln (verdünnen), wodurch allerdings die Wirksamkeit nicht geschwächt, sondern gesteigert wurde.

Auch folgendes Beispiel zeigt den Unterschied zwischen beiden Prinzipien: Gegen Schlafstörungen kann man betäubende Mittel (Barbiturate) nehmen oder Coffea (den Extrakt der Kaffeebohne), etwa als D6 potenziert.

Im Umgang mit der Homöopathie erkannte Hahnemann mehr und mehr die »Causa«, also die wahre Ursache des Leidens. Er wurde sich bewusst, dass die Allopathie sich nicht darum kümmert, sondern nur um die Beseitigung der Symptome. Da sie aber durch seelisches Ungleichgewicht bedingt sind, werden sie hier durch die Behandlung lediglich verlagert.

Beispiel: Wenn bei Ihrem Auto die Ölkontrollampe aufleuchtet, können Sie das Birnchen herausdrehen, und die Lampe leuchtet nicht mehr. Danach fährt der Temperaturanzeiger hoch und den können Sie mit einem Stückchen Tesafilm auf 70 Grad festkleben, dann zeigt er eine gute Betriebstemperatur an. Doch das Symptom wird dadurch lediglich verlagert und Sie brauchen sich nicht zu wundern, wenn Ihnen unterwegs die Kolben um die Ohren fliegen.

Bei der Allopathie besteht also die Gefahr, dass die Causa an Kraft gewinnt, da sie übergangen wurde, während zugleich der Mensch durch das Mittel geschwächt wird. Die Dosis muss erhöht werden. Das Herz-Kreislauf-Mittel geht auf den Magen. Dagegen gibt es dann Magentabletten, die aber auf die Nieren gehen usw.

All dies ist natürlich nur ein vereinfachtes Beispiel, um die Wirkungsweise deutlich zu machen. Die Idee der Allopathie »contraria contrariis curantur« (Gegensätzliches möge Gegensätzliches heilen) kann nicht wirken, wo die »Causa« nicht beseitigt ist.

Dies gilt natürlich besonders für den psychischen Bereich. Darum kommt es auch einer Vergewaltigung der Psyche gleich, wenn wir den Faulen zum Fleißigsein anhalten wollen, ohne uns darum zu kümmern, was hinter seiner Faulheit steckt. Die Verherrlichung des Ideals und die Leugnung der Causa, ohne auf sie und den optimalen Weg der Ursachenheilung zu achten, führt zu dem, was Wolfgang Döbereiner als das uneigentliche Leben bezeichnet. Osho nennt es wie folgt: »Masken über Masken, falsche Gesichter überall!«

Gerade im Bekenntnis der eigenen Schwächen liegt die Chance zur Wandlung; es bietet die Möglichkeit, sich zu akzeptieren, wie man ist, und sich dann den Wandlungskräften der Natur zu überlassen. Hellinger sagt in dem Zusammenhang: »Es ist der Himmel (Anm. des Verf.: das Ideal), der krank macht – und die Erde (Anm. d. Verf.: das Natürliche, die Existenz), die heilt.«

Natürlich gibt es eine Reihe körperlicher oder psychischer Störungen, bei denen die Causa nicht sehr tief sitzt und bei denen daher allopathische Methoden sehr leicht und schnell wirken. So sollen sie auch nicht als schlecht gebrandmarkt werden. Im Umgang mit der Welt werden wir beides brauchen: Zuerst einmal müssen wir uns dem Ungelösten nähern, es akzeptieren, umarmen und dann, aber auch erst dann, wenn es angenommen ist, können und sollten wir uns dem zuwenden, was wir stattdessen haben wollen. Doch

dieser Vorgang geschieht ziemlich automatisch durch
uns, wenn wir dem folgen, was wir in uns als stimmig
empfinden.

»Im homöopathischen Sinn wird die Krankheit als
Widerstand des Menschen gegenüber seiner Entwick-
lung in allen Bereichen gesehen. Alles auf unserer Welt
ist einer stetigen Entwicklung unterworfen, nur der
Mensch neigt dazu, am Vergänglichen festzuhalten.
Diese Eigenschaft wirkt sich vom Geistigen bis ins
Körperliche aus. Daher gibt es im Grunde nur eine
Krankheit: den Widerstand. Die erste Regel der Ho-
möopathie lautet: Aufgrund des Ähnlichkeitsprinzips
wird ein Krankheitszustand erfaßt und mit den in der
Homöopathie bekannten Mittelbildern verglichen, um
das diesem Krankheitszustand ähnliche Mittel, das
Similum, herauszufinden. Unter ›simile‹ (lat. ›ähnlich‹)
versteht man in der Homöopathie das Mittel, das zu
einem Krankheitszustand paßt und ihn daher heilt.
Unter ›similimum‹ (lat ›ähnlichst‹) versteht man das
bestpassende und somit für die Heilung optimale
Mittel.«[7]

Es hat seinen Grund, warum Pechmarie die Brote
nicht aus dem Ofen ziehen will, und statt die innere
Pechmarie mit Moralismen und geistiger Allopathie
(»sei fleißig«) zu quälen, müssen wir uns um den
Grund für ihre Faulheit kümmern, darum, warum es
ihr kein Bedürfnis ist, die Brote aus dem Ofen zu
ziehen, und natürlich auch, warum sie so neidisch auf
Goldmarie ist. Wenn wir ihr dann das entsprechende

Mittel geben und Pechmarie geheilt wird, wird sie weiser sein als unsere Goldmarie, die immer nur einfach alles richtig gemacht hat. Es fehlt also im Märchen von Frau Holle der zweite Teil, »die Heilung der Pechmarie«.

Wenn es einen weisen Schöpfer gibt, der über eine unendliche Intelligenz verfügt, wie würde er seine Geschöpfe heilen? Vielleicht durch Homöopathie? Möglicherweise ist die Welt ein gewaltiges, allumfassendes Similum, das im Spiegel des Lebens jedem Menschen genau die Lebensumstände gibt, die seinem individuellen »Ähnlichkeitsgesetz« entsprechen.

Deshalb ist es fast eine Frechheit, jemanden, der etwas erleidet, einfach nur dafür zu verurteilen und uns besser zu fühlen als der andere. Dies würde nur ihn – und uns selbst – dazu auffordern, alles Unperfekte zu verdrängen. Doch genau dieses Nicht-ausleben-Dürfen der eigenen Macken führt zu einer Starre, die letztendlich den Zusammenbruch bedingt (Tarotkarte Trumpf 16, der Turm). Deshalb sagt man auch: Hochmut kommt vor dem Fall! Als Erwachter fühlen wir, was im anderen vor sich geht, und finden, sobald er dazu bereit ist, aus unserem Mitgefühl heraus (nicht Mitleid!) auch das Similum, das ihm den nächsten Schritt zu tun hilft. Doch erst einmal beginnen wir bei uns selbst:

Wenn wir die homöopathischen Prinzipien auf den Umgang mit der Welt übertragen, dann fordert uns die »Sprache der Lebensumstände« auf, zu erkennen, was bei uns »der Fall« ist, und dem nicht auszuweichen. Erkennen wir, dass »die Welt« unsere Chance ist, in uns die Dinge zu erkennen, die gewandelt werden müssen, und sie einer Wandlung (Heilung) zuzuführen, damit wir uns wieder als »eins mit dem Ganzen« erleben können.

Dann und dort, wo wir ganz »wir selbst« geworden sind, geht unsere Reise weiter, ja, unsere eigentliche Reise beginnt dann erst. Die Selbstakzeptanz, annehmen, was gerade »der Fall« ist, frei von Scham, ist immer der erste Schritt zur Wandlung, und wir sollten einen festen Stand haben, bevor wir unseren zweiten Schritt wagen – denn: Wer den zweiten Schritt vor dem ersten machen will, fällt auf die Nase.

Erst dort, wo wir auf festem Boden stehen, können wir von der Pflicht zur Kür übergehen und mit dem bereits Gelösten zum Erwachen der Welt beitragen. Dann wirken wir wirklich als »Goldmarie«, aber nicht aus einem Moralismus heraus, sondern weil es uns entspricht. Wir sind »mit den Händen bei der Arbeit und mit dem Geist beim Geliebten«, das heißt, das Bewusstsein ist verbunden mit Gott, der Einen Kraft, dem Selbst und die Hände tun ihre Pflicht, ziehen die Brote aus dem Ofen, schütteln die Bäume, machen die Betten. Es ist dann das »reine Selbst«, das durch uns handelt. Wir tun es dann nicht mehr aus Berechnung, sondern als folgenloses Tun, das nicht nach den Früchten seiner Handlung verlangt. Da ist kein Ich mehr, das einen Lohn will. Und deshalb bekommen wir dann den größten Lohn, wir werden mit dem flüssigen Gold überschüttet, dem Soma, dem »Wein der Mystiker«, der niemals dem Ego, sondern stets nur dem Selbst zuteil werden kann. Es ist paradox, aber wahr: Erst wenn wir selbstlos sind, sind wir reif, um wirklich zu empfangen. Dies liegt daran, dass das Ich unfähig ist, sich der Gnade zu öffnen.

Es ist unser Ich, das uns bindet. Solange wir als Ich agieren, sind schlechte Taten wie Fesseln aus Blei und gute Taten wie Fesseln aus Gold. Wir sind an das Gesetz von Ursache und Wirkung gebunden und können die Befreiung nicht empfangen. Insoweit ist das Märchen von Frau Holle missverständlich. Wir versuchen mit dem Herzen einer Pechmarie die guten Taten einer Goldmarie zu vollziehen und das kann nicht funktionieren. Wir müssen erst einmal echt und authentisch werden, um uns von da aus weiterzuentwickeln. Vielleicht hatte aus dem Grund Jesus mehr Sympathie für die Zöllner als für die Pharisäer. Wir müssen jeweils die unserem Bewusstseinsstand entsprechende Aufgabe erfüllen.

Ein Beispiel soll dies verdeutlichen: Wenn man einem sechsjährigen Mädchen sagt, seine Aufgabe sei es, Mutter zu werden, könnte dies fatale Folgen haben, obwohl die Aussage wahr ist. Wenn wir ihm hingegen sagen, seine Aufgabe sei es, mit Puppen zu spielen, dann veranlassen wir es zu genau dem Richtigen. Übertragen auf unsere Persönlichkeit bedeutet das: Um selbstlos zu werden, müssen wir unser Ego durchschreiten.

Eine Geschichte erzählt, dass einmal ein scheinheiliger Mann zu Buddha kam und sein Schüler werden wollte. Buddha fragte ihn: »Warst du schon einmal unkeusch, hast du schon einmal außerhalb gesellschaftlicher Normen gelebt, hast du schon einmal großen Reichtum angehäuft?« – »Nein, Herr«, antwortete der Mann. »Dann gehe hin und tue dieses – und dann komm wieder!«, sagte Buddha.

Bis wir in den Status der Selbsthingabe kommen, ist der größte Dienst an der Welt, den wir vollbringen können, so bewusst wie möglich mit den Dingen umzugehen, zu akzeptieren, Wandlung zu erlauben und selbst zu erwachen. Auch die Bindung an das »Gut-sein-Wollen« ist eine Bindung, wenn sie nach Früchten der guten Handlung verlangt. Die heilige Mitte, die wir suchen und die letztendlich zur Befreiung führt, ist jenseits von Gut und Böse. Rumi sagt: »Jenseits von Gut und Böse, da sehen wir uns wieder!« Er meint damit das »höhere Gute«, das sich allerdings als natürliche Regung zeigt – in völliger Ungebundenheit von den Früchten, die daraus erwachsen.

Eine nette Geschichte verdeutlicht dies: Ein Heiliger sitzt am Ganges und sieht, wie ein Skorpion ins Wasser fällt und dabei ist zu ertrinken. Er rettet ihn. Daraufhin sticht ihn der Skorpion. Das Tier fällt wieder ins Wasser. Der Heilige rettet es abermals, und der Skorpion sticht ihn erneut. Als das Ganze ein drittes Mal geschieht, fragt ihn ein Mann, der zufällig Zeuge des Geschehens war, was er denn da tue. Und der Heilige antwortet: »Jeder tut das, was seine Aufgabe ist. Die Aufgabe von Skorpionen ist es zu stechen und die Aufgabe von Heiligen ist es zu retten. Beides ist völlig in Ordnung!«

Solange Sie Skorpione als Bedrohung erleben, sollten Sie sie töten, denn es ist besser, Ihrer wahren Natur nachzugehen, als so zu tun, als ob. Stets geht es um das Gefühl der eigenen Mitte, der eigenen Stimmigkeit. Der Samen, die Blüte und die Frucht eines Baumes haben jeweils verschiedene Darstellungsformen, auch wenn sie demselben Baum entspringen.

Dinge und Wünsche existieren in mir wie in anderen. Lasse sie zu und indem du dies akzeptierst, werden sie transformiert.[8]
(Osho)

Wenn ich ein Gebet hätte, dann dieses:
Gott bewahre mich vor dem Bedürfnis
nach Liebe, Anerkennung, Wertschätzung.
Amen.
(Byron Katie)

DIE SIEBEN TODSÜNDEN –
WAS IST IHR GEHEIMER SINN?

Schon seit alters her wurden uns Lebensregeln für den Umgang mit der Welt mit auf den Weg gegeben, für Dinge, die man tun, und solche, die man lassen sollte. Früher, als die Menschen noch nicht so stark an der Selbstfindung orientiert waren, musste man ihnen einfache Gesetze an die Hand geben, ohne tiefer auf deren Sinn einzugehen. Heute, in einer Zeit des aufgeklärten Bewusstseins, schütten wir oft das Kind mit dem Bade aus, ohne zu hinterfragen, ob hinter den überlieferten Lebensregeln nicht doch eine geheime Wahrheit liegen könnte.

Eine sehr schöne Deutung der sieben Todsünden stammt von Hajo Banzhaf[9] und kann uns nachfolgend helfen, unsere eigene Haltung gegenüber dem Leben zu überprüfen:

1. *Todsünde – Hochmut (Superbia)*: Hiermit ist nicht die gesunde Freude über gelungene Lebensleistungen gemeint, sondern der Glaube des Ich, es selbst sei besser als andere Menschen und habe all das Gute erbracht, das es erlebt. Zum Hochmut gehören auch Arroganz, Selbstgefälligkeit, Dünkel, Übermut, Hoffahrt, Eitelkeit und der Stolz, auf den wir später noch eingehen wollen. Das Gegenteil von Hochmut sind Demut und Bescheidenheit. Es ist der »Mut« in aller Bescheidenheit, dem Selbst die Führung zu überlassen – und nicht dem Ego/dem Dünkel. Nicht unter den Begriff Stolz fallen Wertschätzung und Dankbarkeit für eine erreichte Leistung – sie sind als gesund zu werten. Meine Beziehung zum Stolz kann ich mithilfe folgender Fragen überprüfen:

   a. Wozu bin ich mir zu fein?
   b. Worum kann ich partout nicht bitten?
   c. Aus welchen Bereichen habe ich mich in stolzer Resignation zurückgezogen?
   d. Welchen Preis bezahle ich für meinen Stolz?

2. *Todsünde – Habgier (Avarita):* Hier geht es nicht
um äußere Armut, sondern darum, sich als weiser
Verwalter der Dinge, Besitztümer, Beziehungen und
Umstände zu erleben. Eine extreme Form von
Habgier ist die Sucht, bei der das Suchtmittel eine
gottähnliche Bedeutung bekommt, und der Geiz,
der auf Mangeldenken beruht, auf dem Glauben,
man selbst müsse sich an die Dinge klammern, da
man im Leben stets zu kurz käme. Zur Habgier
gehört auch das »Anhaften« an Objekten oder
Beziehungen. Das Gegenteil ist Großzügigkeit und
Großmut. Folgende Fragen helfen bei der Untersu-
chung der eigenen Gier:

a. Was kann ich unter keinen Umständen mit
jemandem teilen bzw. von Herzen geben?
b. Was horte ich, ohne es zu nutzen?
c. Wo/was bin ich nicht bereit loszulassen?
d. Welchen Preis bezahle ich für meinen Geiz?

3. *Todsünde – Maßlosigkeit (Gula):* Das Thema dieser
Sünde, umgangssprachlich auch Völlerei genannt,
ist der Irrglaube, Quantität sei wichtiger als Quali-
tät. Es geht um Maßlosigkeit, Unmäßigkeit, Gefrä-
ßigkeit, um alles, womit man sich vollstopft, und
zwar in allen Lebensbereichen. Auch jemand, der in
maßlosem Umfang geistige Literatur studiert, sie
konsumiert, ohne sie im Leben praktisch anzuwen-
den, unterliegt der Völlerei. Der Gegenpol dazu ist

Mäßigkeit, Angemessenheit, freiwilliger Verzicht, »weniger ist mehr«. Dies zeigt sich beispielsweise auch beim Essen: Wer nur seinem Hunger entsprechend isst und den Rest liegen lässt, hat eine leichtere Verdauung. Die Mäßigkeit dient also nicht purem Moralismus, sondern ist ein Ausdruck wahrer Lebenskunst. Harmonie herrscht, wenn alles im rechten Maß vorhanden ist und gelebt wird. Fragen zur Völlerei sind:

a. Wovon kann ich den Hals nicht voll genug bekommen?
b. Was stopfe ich blind in mich hinein?
c. Womit betäube ich mich?
d. Welchen Preis bezahle ich für meine Maßlosigkeit?

4. *Todsünde – Verletzendes Verhalten (Ira):* Diese Todsünde wird im Allgemeinen auch Zorn genannt, aber »verletzendes Verhalten« trifft mehr den Kern, da der Begriff Zorn in unseren Breitengraden zwiespältig verwendet wird: »heiliger Zorn«. Hier jedoch geht es um die Lust an der Zerstörung, am Untergang, um die Verfinsterung des Bewusstseins. Zum verletzenden Verhalten gehören auch blinde Wut, Vergeltung, Rachsucht, der innere Berserker, aber auch schon Sticheleien mit Worten oder in Gedanken. Übt sich jemand in selbstverletzendem Verhalten, so handelt es sich um nach *innen* gerich-

teten Zorn, um Wut auf sich selbst. Konstruktive Aggression (lat. aggredere = anpacken), Konfliktbereitschaft und die Bereitschaft, sich mit dem Leben aktiv auseinanderzusetzen, sind dagegen wünschenswerte Eigenschaften. Die Grenze ist dort zu ziehen, wo ich vor lauter Aggression mich oder andere Menschen verletze. Der Gegenpol zum Zorn sind Güte und Geduld, der liebevolle Umgang mit sich und anderen und (insbesondere auch für den, der vom Zorn des anderen betroffen ist) die *spiegelgleiche Weisheit*. Man wird zum Spiegel, sieht die Dinge ohne Schleier so, wie sie sind; jedes Erleben wird klar und unmittelbar wahrgenommen, wie es ist. Dies ist das Geschenk, das die konstruktive Auseinandersetzung mit dem Zorn zu bieten hat – so wie jeder Schatten sein Licht gebiert. Fragen zum Zorn sind:

a. Wo/wie raste ich leicht aus?
b. Wann/wo schreit etwas in mir nach Rache?
c. Wo/wann bin ich (selbst-)zerstörerisch?
d. Welchen Preis bezahle ich für meinen Zorn?

5. *Todsünde – Besessenheit (Luxuria)*: Diese Todsünde, im Allgemeinen auch Wollust genannt, wird am häufigsten missverstanden, denn hierbei geht es nicht um sexuelle Abstinenz oder die Ablehnung jeglichen Sinnengenusses. So kleiden sich zum Beispiel Mönche in raue Leinengewänder, damit ihre

Haut unempfindlicher und damit weniger sensuell wird, doch sie fördern dadurch nicht ihre Erleuchtung. Wie wir aus den tantrischen Mysterien wissen, kann das Erwachen ja gerade über die Verfeinerung der Sinne erfahren werden. Bei der Wollust geht es um Genussfixiertheit, um das unersättliche Ausquetschen der Begierde, das Überdruss erzeugt und verhindert, dass die feineren und höheren Sinne sich entwickeln. Wir spielen »Schwein am Futtertrog«, statt den Alchemisten in uns zu entwickeln, der uns aus den Fängen der Genussfixiertheit befreit. Nicht die Lust soll verteufelt, sonders es soll darauf geachtet werden, dass die Sinne nicht mit einem durchgehen.

Um es am Beispiel eines Reiters zu erklären: Wenn das Pferd dem Trieb entspricht und der Reiter dem Bewusstsein, dann soll das Pferd gelenkt und weise geritten werden. Weder sollen wir ihm die Zügel durchgehen lassen, so dass es den Reiter abwirft bzw. er ohnmächtig wird, noch sie so stark anziehen, dass das Pferd sich gar nicht mehr bewegen kann. Die Lust möchte beherrscht, aber nicht unterdrückt werden, damit sie eine Chance hat, sich in etwas zu wandeln, das größer ist als sie.

Beim Thema Wollust geht es also insgesamt um die Haltung, mit der wir den Dingen begegnen. Ihr Gegenteil sind innere Freiheit und Entsagung, die nicht Askese bedeutet, sondern lediglich ein Der-Sucht-Entsagen. Paramahansa Yogananda sagte zu

dem Thema einmal sinngemäß: »Ihr glaubt, dass
ich ein Entsagender bin, da ich den Alkohol und die
Völlerei scheue. Doch in Wahrheit seid ihr die
Entsagenden, die ihr dem himmlischen Wein und
dem Segen der Meditation entsagt und nicht wisst,
welche Früchte des Himmels Gott denen zu bieten
hat, die ihn verehren!« Fragen zur Wollust sind:

a. Wovon bin ich ganz und gar besessen?
b. Wo suche ich immer wieder einen neuen Kick?
c. Wo bin ich triebgesteuert?
d. Welchen Preis bezahle ich für meine Lustbeses-
   senheit?

6. *Todsünde – Missgunst (Invidia):* Jegliches Verhalten, das anderen nicht das Allerbeste wünscht, fällt
auf uns zurück. Damit sind nicht nur Eifersucht,
Missgunst, Neid, Rache (anderen Schaden wünschen) gemeint, sondern auch jede Form von Abur-
teilung. Alles und jeder, den wir verurteilen,
schwächt uns. Das Gegenteil von Neid ist Gunst,
der Wunsch, dass alle Menschen, besonders der, an
den ich gerade denke, Glück erfahren möge. Ein
solcher Gedanke stärkt Sie und schafft in Ihnen
einen Sinn für Verbundenheit. Fragen zur Missgunst sind:

a. Wie gehe ich mit der Missgunst in mir um?
b. Was kann ich anderen partout nicht gönnen?

c. Was will ich mir selbst nicht gönnen?
d. Worauf bin ich eifersüchtig?
e. Welchen Preis bezahle ich für meine Eifersucht?

7. *Todsünde – Trägheit (Acedia):* Diese Todsünde, die allgemein auch mit Disziplinlosigkeit und Faulheit einhergeht, betrifft die Unwilligkeit, sich weiterzuentwickeln, die Trägheit des Herzens, Phlegma, Launenhaftigkeit, lähmende Lustlosigkeit, die Neigung, sich gehen zu lassen, die Unwilligkeit, seine Lebenslektionen zu lernen. Nicht gemeint ist damit die Fähigkeit zur Muße und sich genügend Zeit zu nehmen, um sich selbst zu spüren. Trägheit bedeutet vielmehr das uneinsichtige Überhören und Übersehen der Lebensaufgaben aus Faulheit oder Trotz. Wer aber Unübersehbares übersieht und Unüberhörbares überhört, der braucht sich nicht zu wundern, wenn ihm eines Tages hören und sehen vergeht.

Es gibt ein sehr schönes Pferdesinnbild für das Thema der Trägheit: Da gibt es das gute Pferd, das bereits die Ohren spitzt und spürt, wo der Reiter hinwill, ohne dass er etwas sagt. Dann gibt es das durchschnittliche Pferd, das dem Reiter folgt, aber nur dann, wenn er deutliche Zeichen mit Schenkeldruck oder Zügeln gibt. Und zuletzt das träge Pferd, das nur auf Peitsche und Sporen reagiert.

Da das Leben unser aller Lehrer ist, bestimmen wir selbst, ob wir auf den Reiter (versinnbildlicht:

inneren Führer, inneren Meister, hohes Selbst, erwachtes Bewusstsein, Schicksal, Selbst) freiwillig
hören oder ob wir »Nachhilfeunterricht vom
Schicksal« benötigen. Das Gegenteil von Trägheit
sind Disziplin, Strebsamkeit, freudige Lern- und
Entwicklungsbereitschaft. Fragen zum Thema
Trägheit sind:

a. Wie gehe ich mit meinem inneren Schweine-
   hund/meiner Bequemlichkeit um?
b. Was habe ich trotz guter Absichten nie erreicht?
c. Wo gebe ich mich immer wieder auf und lasse
   mich gehen?
d. Welchen Preis bezahle ich für meine Trägheit?

Fazit: Die Auseinandersetzung mit den sieben Todsünden soll nicht zum Moralismus verführen. Sie soll uns
helfen, die jeweils entsprechend unserer Lebenslage
stimmige Einstellung zu finden und achtsam mit den
Dingen der Welt umzugehen. Nachfolgend wollen wir
auf einige der oben genannten Themen noch genauer
eingehen.

Oh Geliebte, richte deine Aufmerksamkeit
weder auf das Vergnügen noch auf den Schmerz,
sondern genau dazwischen.[10]
(Osho)

Wer Glück will, muss erwerben,
was ihm kein Schicksalsschlag entreißen kann.«
(Aurelius Augustinus)

NICHTS BEGEHREN –
NICHTS ZURÜCKWEISEN

Nichts zu begehren bedeutet nicht den völligen Verzicht auf Leidenschaft. Es heißt lediglich, nicht anzuhaften. Im Umgang mit der Welt sind wir immer wieder versucht, uns an Erreichtes zu klammern: an die Vergangenheit, an einen ganz bestimmten Menschen oder einen Lebensumstand. Anhaftung entstammt der Illusion, das Glück komme von außen und man könne es besitzen. Durch Anhaftung werden wir eng und steif und binden unseren Geist an »Objekte« (vergangene Situationen, Menschen, Umstände usw.). Wir wollen das Vergängliche festhalten, statt diese Vergänglichkeit anzuerkennen und an dem festzuhalten, was unvergänglich ist, wie zum Beispiel die Liebe, die Stimmigkeit, die Bewusstheit. Anhaften macht arm, egal, wie reich man äußerlich ist. Alles, was wir (als ein Ego) »besitzen«, von dem werden wir »besessen«. Deshalb empfehle ich, »ledigen Gemütes« durchs Leben zu gehen. Dann können Sie alles, was Sie haben, genießen und weise verwalten – ohne daran gebunden zu sein.

Eine besondere Form der Anhaftung ist die »Dramaqueen« bzw. der »Dramaking«, also die Neigung, in dramatischen Situationen hängen zu bleiben. Auch eingeschnappt, angefressen, nachtragend sein sind Formen von Anhaftung. Manchmal befinden wir uns tatsächlich so stark in einem alten Film, dass wir gar nicht mehr im Hier und Jetzt sein können. Ein Nebel schiebt sich vor die Wahrnehmung, und wir können den anderen und die Welt nur noch bedingt wahrnehmen. Dann empfiehlt sich die nachfolgende Übung. Sie können sie beispielsweise auch am Ende einer Seelenrückholung oder Nachnährung vollziehen, um wieder ganz ins Hier und Jetzt zu kommen.

Übung: Sehen Sie sich einen Gegenstand an. Beschreiben Sie seine Farbe und Beschaffenheit. Hören Sie, was es zu hören gibt, und beschreiben Sie es. Riechen oder fühlen Sie etwas, zum Beispiel die Berührung der Hose an Ihrem Bein, und beschreiben Sie es. Dann sehen Sie sich zwei Gegenstände an, hören zwei Geräusche, riechen oder fühlen drei Dinge und beschreiben sie. Steigern Sie sich auf drei, dann auf vier

Gegenstände. Sie werden erleben, dass mit der Konzentration auf Dinge, die im Hier und Jetzt stattfinden, Ihre Wahrnehmung sich »entnebelt«, Ihre Anhaftung an die Vergangenheit loslässt.

Eine weitere Variante von Anhaften ist Geiz. Die Lösung dafür liegt darin, allen Wesen Glück zu wünschen und kurzes (illusionäres) und andauerndes Glück (Schätze im Himmel) voneinander unterscheiden zu lernen.

Zurückweisung ist oft ein Ausdruck von Furcht. Wir überwinden sie, indem wir erkennen, dass unsere Seele, unser wahres Selbst von Natur aus vollkommen und mit allem, was in der Zeit und jenseits aller Zeit ist, verbunden ist, dass der Raum unseres Selbst unzerstörbar ist und es nichts gibt, was das Selbst kleiner oder größer machen kann, als es ist. Dem Raum, in dem wir unsere Erfahrungen von Welt machen und der unser wahres Selbst ausmacht, kann nichts Übles geschehen. Indem wir uns mit ihm verbinden, verschwindet die Furcht, die ein Ausdruck des Gemütes ist, nicht unseres wahren Wesens. Wir lernen die Dinge so anzunehmen, wie sie wirklich sind. Dadurch wächst das Vertrauen, dass alles richtig ist, nur weil es geschieht. Wir identifizieren uns als denjenigen, der das Erlebte wahrnimmt, aber nicht als das Erlebnis selbst. Dadurch erübrigt sich die Notwendigkeit, etwas, das zu uns findet, zurückweisen zu müssen. Natürlich können wir nach wie vor etwas, das für uns nicht stimmt, unterlassen – aber es unterbleiben die

Furcht und der Druck, die wir üblicherweise verspü-
ren, wenn wir uns vor etwas Stimmigem, das aber
unangenehm ist, drücken. Wir lassen uns in unseren
Entscheidungen nicht mehr von unseren Ängsten und
Vermeidungsstrategien tyrannisieren, sondern gehor-
chen einem tieferen Maßstab.

> *» Woher weiß ich, dass ich kein Geld brauche –*
> *ich habe es nicht!*
> *Woher weiß ich, dass dieser Partner der Richtige*
> *für mich ist – er ist da!«*
> (Byron Katie)

Die Realität ist stets freundlicher
als wir befürchten.
(Byron Katie)

DAS GEHEIMNIS
WAHREN REICHTUMS LEBEN

Jesus rät uns, Schätze des Himmels anzusammeln, nicht solche, die die Motten oder der Rost fressen (Matth. 6,19-21). Dieses Gebot wurde oft dahingehend missdeutet, dass wir wahren Reichtum nicht auf dieser Welt finden könnten und uns deshalb ins Jenseits flüchten sollten. Die Versuchung liegt nahe, so zu denken.

Tatsächlich führt die Jagd nach dem Geld früher oder später zu Unzufriedenheit. Wir arbeiten und arbeiten und mit Glück haben wir für das Alter vorgesorgt – wenn wir Pech haben, reicht das Ersparte nicht aus oder eine Währungsreform fegt unsere materiellen Sicherheiten hinweg.

Vielleicht haben wir selbst bereits die Erfahrung gemacht, dass wir uns trotz ausreichender materieller Versorgung nicht reich gefühlt haben. Auf dem Bankkonto war genug Geld für die nächsten Monate, die Miete war bezahlt, wir hatten satt zu essen und doch war da diese Sorge, wie es weitergehen würde. Wird das Geld auch in Zukunft ausreichen? Wird es eine Währungsreform geben? Werde ich immer genug Geld verdienen können? Gleichzeitig mit der finanziellen Fülle macht sich Knappheit an Zeit bemerkbar. Das Geld hält einen in Atem, da man dauernd disponieren muss.

Wir können ein Leben lang für Geld arbeiten, aber trotzdem werden wir stets von Ängsten gebeutelt, es nicht zu schaffen – das Gefühl von drohender Armut werden wir auf dem Weg nicht los. Und da uns trotz Geld Unsicherheit oder Unzufriedenheit beschleicht, versuchen wir noch mehr Geld zu machen – oder drehen resigniert dem Mammon den Rücken.

Die Lösung liegt aber nicht darin, Geld und Sachwerte zu scheuen. Sobald wir erkennen, dass sie *ein* möglicher Ausdruck *inneren* Reichtums sein können, sind wir auch frei von der Angst, wieder alles zu verlieren. Wenn wir die gleiche Disziplin, die wir für das Erwerben äußeren Reichtums aufwenden, aufbringen, um auch unseren inneren Reichtum zu erschließen, während wir in der Welt agieren, dann erleben wir das Gefühl von Reichtum unabhängig von unserem Besitz. Ein Zen-Koan drückt dies wie folgt aus:

»Ihn hat der Dieb zurückgelassen – den Mond im Fenster!«

Stellen wir uns vor, ein Dieb wäre bei uns eingebrochen und hätte uns allen Besitz genommen, einzig und allein der Mond scheint noch durch das Fenster. Wir sehen in diesem Koan, dass auch in der scheinbaren Leere ein Reichtum (an Erleben) liegen kann. Victor Hugo schrieb einmal: »*Mir ist auf der Straße ein sehr armer junger Mann begegnet, der verliebt war. Sein Hut war alt, sein Mantel abgetragen, Wasser rann durch seine Schuhe. Aber Sterne zogen durch seine Seele.*« – Dies ist innerer Reichtum!

Der tibetische Lehrer Dzigar Kongtrül stellt auf sehr anschauliche Weise klar, dass es zwei Arten von Reichtum gibt: »Der innere Reichtum wird im Tibetischen *Yün* genannt. Dieser innere Reichtum wirkt wie ein Magnet, der entsprechende Umstände anzieht. Wenn unser inneres *Yün* mit dem *Yün* der gegenständlichen Welt in Verbindung tritt, dann fühlen wir uns reich, viel reicher als die meisten Wohlhabenden, auch wenn wir nur sehr wenig Geld im Portemonnaie haben. Gleichermaßen fühlen wir uns auch ohne Rang und Namen mächtiger als viele Leute in Machtpositionen. Und sogar wenn wir nicht besonders schön sind, fühlen wir uns attraktiver als die Models auf den Titelblättern der Modemagazine. Der Reichtum und Sinn unseres Lebens liegen nicht außerhalb von uns.

Und das Leben dreht sich nicht nur um das ›Wie kann
ich das kriegen?‹ oder ›Was habe ich noch nicht
erreicht?‹ Mit diesem uneingeschränkten Bewusstsein
von Reichtum kann sich sogar ein Bettler fühlen wie
der König des Universums.«[11]
Der Schlüssel zum Reichtum liegt in dem, was wir
auch Verdienst nennen können. Wenn wir günstige
Lebensumstände erleben, dann denken wir vielleicht,
wir hätten sie errungen, indem wir cleverer, rücksichts-
loser oder fleißiger waren als andere, aber in Wahrheit
verdanken wir sie unserem Verdienst, das heißt hier
unseren guten Ursachen, die wir durch Denken, Reden, Handeln früher gesetzt haben, und der Güte
anderer Menschen.
Wie Dzigar Kongtrül einleuchtend betont, gibt es
auch zwei Arten von Verdienst: »Wir sammeln die
erste Art von Verdienst durch alle Handlungen von
Körper, Rede oder Geist, die unseren Geltungsdrang
mindern und anderen nützen. Dazu zählen auch alle
Taten, die von dem Wunsch inspiriert sind, uns mit
jenen zu verbünden, die Freiheit erlangt und inneren
Reichtum verwirklicht haben. Während uns die erste
Art von Verdienst wünschenswerte Umstände bringt,
ermöglicht uns die zweite Art von Verdienst, sie auch
wirklich zu genießen. Ohne das Verdienst werden wir
von Sorgen und Stress aufgefressen, statt unseren
Wohlstand zu genießen. Erst erleben wir die Sorgen
und den Stress, Reichtum in unseren Besitz zu bringen,
und dann haben wir die Sorgen und den Stress, ihn zu

vermehren und zu beschützen! Anstatt uns das Gefühl von Reichtum zu vermitteln, haben Wohlstand und positive Umstände dann genau den gegenteiligen Effekt. Es kann z.B. sein, dass jemand, der ausgesprochen arm und bedürftig ist, plötzlich das große Los zieht. Die erste Art von Verdienst ist für die richtige Losnummer verantwortlich. Die zweite Art von Verdienst ermöglicht es, den Reichtum zu genießen und gut zu nutzen. Es stellt sicher, dass man nicht derart viel Verwirrung, Stress und Probleme als Folge des plötzlichen Reichtums erlebt, dass man zu dem Schluss kommt, man wäre ohne das Geld besser dran. Solche Unsicherheiten weisen darauf hin, dass einem die zweite Art von Verdienst fehlt.«[11]

Die Fähigkeit, sich innerlich reich zu fühlen und in dem Bewusstsein zu leben, dass stets genug von allem da ist, entsteht nicht aus der Ansammlung von Materie, sondern aus einer *tiefen Wertschätzung für die Welt.*

Dies bedeutet, dankbar zu sein für das, was uns gegeben wurde, und die Selbstanmaßung aufzugeben, die ganze Welt solle sich nach unserem Gusto drehen. Dankbarkeit ist der Schlüssel, um von einer solchen Position der Überheblichkeit Abstand zu nehmen, die in unserem Inneren unweigerlich Mangelbewusstsein erzeugt und uns die Fähigkeit nimmt, die großzügigen Geschenke der Welt auch wirklich zu genießen.

Dzigar Kongtrül schreibt hierzu: »Wenn wir die Welt nicht wertschätzen, zeigt das, dass uns die zweite

Art von Verdienst fehlt. Wir haben alle Schönheit der
Welt, die kein Vermögen der Welt kaufen kann – die
Sonne, den Mond und die Natur, aber wissen wir sie
wirklich zu schätzen? Stellt euch vor, wie die Welt ohne
Berge, Wälder, Seen, Flüsse und Jahreszeiten aussähe.
Haltet euch die Schönheit jedes einzelnen Naturwun-
ders vor Augen und lasst euch tief davon berühren.
Wissen wir eigentlich unsere kostbare menschliche
Existenz zu schätzen? Kein Geld dieser Welt könnte
uns diese menschliche Geburt erkaufen. Wir haben
allein aufgrund der ersten Art von Verdienst das Licht
der Welt erblickt. Wenn wir dies nicht zu schätzen
wissen, zeigt das, dass uns die zweite Art von Verdienst
fehlt. Denken wir an unseren Körper und fragen wir
uns, wie es wäre, wenn wir keine Augen hätten, keine
Ohren, keine Nase, keine Zunge oder keine Zähne.
Unser menschlicher Körper mit Augen, Nase, Mund,
der Haut usw. ist ebenfalls aufgrund unseres ausgesprochen guten Karmas aus einem früheren Leben
entstanden. Nach innen gerichtete Wertschätzung ist
die Quelle zahlloser guter Eigenschaften: Sie bringt uns
Offenheit, Wohlergehen und Bescheidenheit und damit
Schutz vor Arroganz, Eifersucht und Selbstsucht. Damit macht sie den Weg dafür frei, dass wir uns an den
Menschen und der Welt um uns herum wirklich
erfreuen können. Selbst die kleinste Wertschätzung
erbringt großes Verdienst. Es wird überliefert, dass
eine einzige Niederwerfung, die wir mit Hochachtung
ausführen, genauso viel wert ist, als brächten wir allen

Buddhas und Bodhisattvas der drei Zeiten Opfergaben
dar, die das gesamte Universum füllen.«[11]

Wenn wir die Erde, auf der wir leben, zu schätzen
wissen, sammeln wir die zweite Art von Verdienst an
und erschließen uns einen Reichtum, der von den
Umständen unabhängig ist. Wir spüren ihn in unserem
Herzen. So ist Reichtum eine Frage des Bewusstseins.
Wenn wir daran denken, was wir nicht haben, dann
sehen wir überall um uns herum Mangel. Wenn wir die
Welt ablehnen, dann ist es für uns auch *schwerer,* reich
zu sein als arm, schwerer, angesehen zu sein als
unangesehen und schwerer gesund als krank. Warum?
Weil wir uns innerlich gespalten fühlen, wenn wir uns
innerlich arm fühlen und zugleich äußeren Reichtum
erleben würden. Die Diskrepanz zwischen innerem
Elendsgefühl und äußerem Wohlstand würde uns zer-
reißen.

Wie sollen wir in Ansehen, Reichtum und Würde
einen bedeutenden Platz in der Gesellschaft einnehmen
können, wenn wir die Welt und die Gesellschaft
ablehnen? Genau diese Gespaltenheit treibt Topmana-
ger zu Dominas, verführt zu Alkohol- und Drogen-
sucht oder sogar zu Selbstverrat, der die Spaltung
überbrücken soll. Wir wollen auf der einen Seite die
guten Dinge der Welt und fühlen uns auf der anderen
Seite unwürdig, zu empfangen, weil wir die Welt (oder
etwas an ihr) ablehnen. Wir verhalten uns dann wie ein
Junge, der das großzügige Taschengeld von seinem
Vater annimmt, ihn aber insgeheim verachtet. Ihm

ginge es besser ohne Taschengeld, weil er dann nicht innerlich gespalten wäre – außen arm, innen arm, das passt. Wir heilen unser Reichtumsbewusstsein durch Schattenarbeit, Zufriedenheit (»in Frieden kommen«) und Dankbarkeit. Indem wir das Ungelöste anschauen und erlösen, wandeln wir Schritt für Schritt das abgespaltene Negative in Liebe. Indem wir den »inneren Frieden« höher einschätzen als unsere Sorgen um das liebe Geld und das Rechthaben, erlauben wir der feinen inneren Stimme, durch uns hörbar zu werden. Und indem wir Dankbarkeit für das entwickeln, »was ist«, empfinden wir Gehaltenwerden, Sicherheit und Wertschätzung. Die Tore des Reichtums und der Fülle öffnen sich.

Schüler:
» Gibt es Staunenswerteres als die Wunder der Natur?«
Meister: »Ja. Deinen Sinn für diese Wunder.«
Schüler: »All diese Naturwunder – die Bäume,
die Berge, die Erde – woher kommen sie?«
Meister: » Woher kommt deine Frage?«
(Unbekannt)

Den Wert von Menschen und von Diamanten
kann man erst erkennen,
wenn man sie aus der Fassung bringt.
(Unbekannt)

ZEHN HILFREICHE EINSTELLUNGEN
IM UMGANG MIT DER WELT

Nachdem wir uns ausgiebig mit den christlichen sieben Todsünden beschäftigt haben, wollen wir einen Abstecher in den Buddhismus machen und erfahren, welche zehn Gebote dort als Glück bringendes Verhalten anempfohlen werden – wir erhalten hier wertvolle Hinweise für den Umgang mit der Welt[12]:

1. *Leben schützen:* Dies entspricht in etwa unserem christlichen Gebot »Du sollst nicht töten«. Wie sich in Familienaufstellungen immer wieder zeigt, ist es für das eigene Schicksal förderlich, wenn eine

werdende Mutter nicht abtreibt, sondern bereit ist, ihr Kind auszutragen, auch falls die Umstände schwierig sind. Doch »nicht töten« geht darüber hinaus. Der Zen-Meister Ga-San sagt in dem Zusammenhang: »Es ist gut, das Leben empfindlicher Wesen wie etwa der Tiere oder auch der Insekten zu schonen. Aber wie steht es mit dem Zeittotschlagen? Oder mit dem Verschwenden von Mitteln? Es gibt viele Arten des Tötens. Zum Beispiel predigen, ohne erleuchtet zu sein. Das heißt: die Lehre töten.« »Leben schützen« bedeutet, ja zu dem Leben zu sagen, das man selbst erhalten hat, und für das Leben einzutreten, das Leben als Ausdruck der Einen Kraft zu ehren. In der Bereitschaft, es zu schützen, ehren wir das Leben in uns und das Gesetz, nach dem wir angetreten.

2. *Nicht stehlen:* Dort, wo das Leben von uns etwas fordert, sollten wir bereitwillig geben. Jesus spricht in seiner Bergpredigt sogar davon, die Extrameile zu gehen, wenn uns jemand eine Meile aufnötigt. In der Freigebigkeit bejahen wir den inneren Reichtum.

3. *Sexuell Glück bringendes Verhalten:* Eine interessante Formulierung, die uns möglicherweise sympathischer ist als das mönchische Keuschheitsgelöbnis. Im Buddhismus wird das Zölibat als zeitweiliger Weg anerkannt, um sich von schwierigen früheren sexuellen Eindrücken zu reinigen, aber

gleichermaßen auch als Weg der Höherentwicklung der Sexualität (zum Beispiel die Verehrung des Göttlichen im Partner, in allem, was ist) angeboten. Als sexuell Glück bringend empfinden wir in vielen Fällen die Treue und die freudvolle Bestätigung des Partners auch dort, wo er vielleicht nicht unseren sexuellen Vorstellungen entspricht. Indem wir seine Lust (und die eigene), wie immer sie sei, akzeptieren, öffnet sich der Torweg zu ihrer Höherentwicklung, wie immer sie sich dann zeigen möchte. So gelangen wir über die Akzeptanz zum Mitgefühl und zur wahren Liebe. Im Zweifel können Sie sich fragen, ob Sie gerade »sexuell Glück bringendes Verhalten« praktizieren – den Maßstab dafür müssen Sie selbst finden.

4. *Wahrhaftigkeit*: Diese Tugend beginnt mit der Ehrlichkeit sich selbst gegenüber. Sie wird häufig durch den eigenen Mind (Denker und Gemüt) so stark verfälscht, dass wir gar nicht wissen, wer wir wirklich sind und was wir wirklich wollen. Die Fragebögen in diesem Mini-Buch können Ihnen dabei helfen, Lebenslügen zu entlarven. Zur Wahrhaftigkeit gehört natürlich auch der Verzicht auf Lügen, Täuschung, Heuchelei, soweit irgend möglich, auf dass wir kein falsches Vertrauen aufbauen und unsere Zeit wie die Zeit anderer nicht mit Lebenslügen vergeuden.

5. *Eintracht schaffen*: Das Gegenteil davon wäre Verleumdung, üble Nachrede, Zündeln. Indem wir

dort Frieden bringen, wo bisher Streit herrschte, schaffen wir zugleich auch Eintracht in uns selbst (Eintracht = nach dem Einen trachten). Wir erweitern die Sichtweisen und das Integrationsvermögen von uns und anderen.

6. *Ruhige Rede*: Hier geht es um die Form der Rede. Es sollte ein Genuss sein, Ihnen zuzuhören, keine Strafe. Und: Sie sollten nur sprechen, wenn der andere dies wirklich will, nicht zwanghaft. Erst denken, dann anfragen, dann reden – statt zu reden und später die Folgen Ihrer Rede ausbaden zu müssen.

7. *Sinnvolles Sprechen* (nicht töricht reden): Ihre Sprache sollte ein Mittel der Kommunikation sein und Verbundenheit hervorrufen. Sokrates sagte einmal: »Der Mensch sollte seine Worte nur zu drei Dingen verwenden: zu heilen, zu danken und zu segnen!« Klatsch wirkt belastend auf das eigene Bewusstsein zurück. Offen und ehrlich sich in der richtigen Haltung mitzuteilen schafft Verbundenheit, unabhängig davon, ob es sich um die eigenen Angelegenheiten oder die eines anderen handelt.

8. *Zufrieden sein*: Es gibt zweierlei Glück. Materielles Glück, Ruhm, Ansehen und Verliebtsein sind bedingt und gehen mit dem Verschwinden der äußeren wie der inneren Bedingungen wieder verloren. Beim anderen Glück wird das Selbst hinter den Bildern erkannt. Wie Weisheitslehren verkünden, ist nur das Selbst wirklich glücklich. Deshalb

sollte man das Glück dort suchen, wo es zu finden ist: im eigenen Geist, also bei sich selbst. Die Schätze im Himmel im Sinne des Jesuswortes und das dauerhafte Glück Buddhas entsprechen einander. Wenn wir also unseren Partner »Schatz« nennen, dann sollten wir damit nicht ausdrücken, dass wir ihn besitzen (wie eine Rolexuhr) oder dass er besondere Eigenschaften verkörpern muss, sondern dass er dadurch, dass er »ist, wie er ist«, uns dazu anregt, den Schatz in uns, Liebe, Genügsamkeit und Akzeptanz, zu entwickeln. Dies ermöglicht uns, mit unserem Partner in Frieden verbunden zu sein, wie immer er ist – und mit unseren Lebensumständen.

9. *Wohlwollend sein*: Im Kontakt mit der Welt kommt es immer wieder vor, dass andere uns auf unangenehme Weise, manchmal sogar feindlich entgegentreten. Dann sollten wir nicht anderen unseren eigenen Frust um die Ohren hauen oder sie gar verurteilen oder hassen. Hilfreich ist es, zu erkennen, dass die anderen in ihren eigenen Verstrickungen gefangen sind und sich, ebenso wie wir, eigentlich nach Glück sehnen. Wenn andere sich Ihnen gegenüber destruktiv verhalten, gilt es zu erkennen, dass sie gerade nicht wissen, was sie tun, und Ihnen sicher nicht schaden wollten, wären sie nur bei Bewusstsein. Im Extremfall erkennen Sie im Hass des anderen eine ernsthafte Krankheit, die in ihm selbst noch größeren Scha-

den anrichtet als in anderen – haben Sie Mitgefühl
mit ihm und lassen Sie sich vom Bazillus des
Hasses nicht »anstecken«. Es gibt eine Geschichte
von einem Heiligen: Als ein Mann voller Wut und
Hass ihn angiftete und beschimpfte, stand er
seelenruhig auf, reichte dem Aggressor ein Glas
Wasser und sagte voller Mitgefühl: »Trinken Sie
es, damit Ihr System wieder ins Gleichgewicht
kommt!«

10. *Richtige Anschauung pflegen* (nicht verwirrt sein):
Rechte Anschauung bedeutet, sich an dem Ewigen,
Unzerstörbaren auszurichten, nicht an dem, was
kommt und geht. Wer an den Objekten klebt,
taumelt, da er die veränderlichen Objekte und die
durch sie ausgelösten Sinneserfahrungen für realer
hält als das Selbst. Verwirrung ist die Folge.
Erkennt man, dass ein Festhalten an den Objekten
Trennungserfahrungen herbeiführt, richtet man
die Aufmerksamkeit mehr auf die »Wahrheit hinter dem Schein«. Hier geht es darum, Klarheit
etwa durch Vipassana-Meditation zu entwickeln,
den anderen wie einen Tempel zu betreten. Im
rechten Erkennen offenbaren sich die Zusammenhänge allen Geschehens, die Dinge ordnen sich
selbst. Durch Selbstbeobachtung und Selbstverant-
wortung kann man dafür sorgen, dass man keine
Müllhalde ist, die die Umwelt verschmutzt. Als
»Hüter des Erwachens« sollten Sie also stets das
eigene Bewusstsein bereinigen, sobald sich ein

Hauch von Verwirrung zeigt. Auf dem Weg des Selbsterwachens wandelt sich die Unwissenheit in »alles durchdringende Weisheit«, das Wissen, dass Sie von nichts getrennt sind, sondern in allem Raum und aller Energie an allen Stellen und zu allen Zeiten mit allem Sein und der gesamten Existenz verbunden.

Erkennen Sie den *Einen* Geist hinter allen Erscheinungsformen, hinter allem, was Ihnen auf der Welt begegnet!

Da Knechtschaft und Freiheit in Wahrheit
zusammenhängen, gelten diese Worte nur für die,
denen das Universum Furcht und Schrecken einflößt.
Dieses Universum ist eine Spiegelung von Vorstellungen.
Betrachte, so wie du im Wasser viele Sonnen
von der einen Sonne gespiegelt siehst,
Knechtschaft und Befreiung ebenso.[13]
(Osho)

Alles zu einem einzigen Koan machen –
husten, schlucken, winken, Bewegung und Ruhe,
sprechen und handeln,
Gut und Böse, Ruhm und Schande,
Verlust und Gewinn, Recht und Unrecht –
das ist wahre Meditation.
(Hakuin)

ZWEIUNDZWANZIG WEGE
IM UMGANG MIT DER WELT

In der Beziehung zur Welt gibt es nicht nur einen, sondern viele richtige Wege, denn alle Menschen sind individuell verschieden und befinden sich zudem auch auf verschiedenen Wegabschnitten. Eine Möglichkeit, diese Wege darzustellen, zeigt sich in der Kaballah, die sich in der großen Arkana des Tarot spiegelt. Wer seinen Weg als »Magier« geht, wird andere Maßnahmen ergreifen als »der Gehängte«, das Sinnbild des

Gottes Odin, der kopfüber an einem Baum hängend die Schöpfungsgeheimnisse ergründet. Der Umfang des Buches erlaubt natürlich nur eine kurze Darstellung, die aber gleichwohl für Sie inspirierend sein kann. Die nachfolgende Aufstellung[14] zeigt, wie verschieden die Lebensausrichtungen und Prüfungen sein können. Auf welchem Weg Sie sich wohl gerade befinden?

0. *der Narr:* unschuldig sein, vorurteilslos Neues ausprobieren, staunende Offenheit
1. *der Magier:* Initiative ergreifen, Schöpfer sein
2. *die Hohepriesterin:* die Dinge geschehen lassen, das Vertrauen, geführt zu werden
3. *die Herrscherin:* das Leben freudig bejahen, Dinge ausbrüten
4. *der Herrscher:* am roten Faden bleiben, Realismus, Strukturen schaffen
5. *der Hierophant:* Sinnfindung
6. *die Liebenden:* die Entscheidung für die wahre Liebe (statt für das Laster)
7. *der Wagen:* einen Sprung vorwärts schaffen, erwachsen werden, Neues wagen
8. (11.) *die Gerechtigkeit:* die geistigen Gesetze verstehen und beachten
9. *der Eremit:* sich selbst finden, zu sich selbst stehen
10. *das Rad des Schicksals:* der Berufung folgen
11. (8.) *die Kraft:* die Lenkung der Triebe

12. *der Gehängte:* Geduldsprobe, Opferbereitschaft, eine bislang selbstverständliche Haltung/Perspektive opfern, damit das Leben weitergeht; bereit sein, dass einem ein Licht aufgeht, Umkehr, Prüfung
13. *der Tod:* Abschied, sich selbst zurücknehmen
14. *die Mäßigkeit:* dem Seelenführer lauschen, die rechte Mischung finden
15. *der Teufel:* Projektionen zurücknehmen, Unfreiheiten erkennen
16. *der Turm:* Befreiung von übermächtigen Bildern, Umbruchphasen zulassen
17. *der Stern:* größere Zusammenhänge verstehen
18. *der Mond:* Ungewohntes tun, Neuland betreten, die Gratwanderung gehen
19. *die Sonne:* die große Aussöhnung mit dem Leben, sich mit allem versöhnen
20. *das Gericht:* die Heilung, alles heilen und segnen, was man berührt
21. *die Welt:* erwachtes Dasein, das wiedergefundene Paradies leben

Dieses so genannte Universum wirkt wie eine Trickvorführung, eine Bildershow. Um glücklich zu sein, betrachte es als solche.[15]
(Osho)

Das Gewand der Liebe
ist aus dem Stoff des Alltags gemacht.
(Paul Bolkovax)

DER WICHTIGSTE MENSCH, DER WICHTIGSTE AUGENBLICK, DIE WICHTIGSTE TAT

Die nachfolgende Geschichte stammt von Leo Tolstoi und kann uns sagen, welche Zeit, welcher Mensch und welche Tat wichtig ist[16]:

»Es dachte einmal ein König, nichts könne ihm mißglücken, wenn er nur immer die Zeit wüßte, in der er ein Werk zu beginnen habe, und wenn er immer wüßte, mit welchen Menschen er sich einlassen solle und mit welchen nicht, und wenn er immer wüßte, welches von allen Werken das wichtigste sei. Es kamen gelehrte Männer zum König und gaben ihm mancherlei Antworten auf seine Fragen.

Auf seine erste Frage antworteten die einen, um für jedes Werk die rechte Zeit zu wissen, müsse man vorher eine Einteilung für den Tag, den Monat und das Jahr aufstellen und sich streng an das halten, was für den einzelnen Tag festgesetzt ist. Andere sagten wieder anderes.

Ebenso verschieden lauteten die Antworten auf die zweite Frage. Die einen sagten, die dem König unentbehrlichsten Männer seien die Staatsmänner, andere, die Priester und Seher. Die dritten erklärten, es seien die Ärzte, und die vierten behaupteten, es seien die Krieger.

Auf die dritte Frage, welches das wichtigste Werk sei, antworteten die einen, das sei die Wissenschaft, die anderen sprachen, die Kriegskunst, wieder andere nannten die Gottesverehrung. Alle Antworten waren verschieden.

Daher paßte dem König keine einzige von ihnen, und er belohnte niemanden. Um aber ganz genaue Antworten auf seine Fragen zu erhalten, entschloß er sich, einen Einsiedler zu befragen, dessen Weisheit in großem Rufe stand. Der Einsiedler lebte im Wald, verließ seine Wohnstätte nie und empfing nur einfache Leute. Darum zog der König ein schlichtes Gewand an, stieg weit vor der Klause des Einsiedlers vom Pferd, ließ sein Gefolge zurück und ging allein durch den Wald. Als der König sich dem Einsiedler näherte, grub dieser vor seiner Hütte die Beete um. Er erblickte den König, begrüßte ihn und grub ruhig weiter. Er war mager und schwach und keuchte schwer, indem er den Spaten in die Erde stieß und die kleinen Schollen umwandte. Der König trat an ihn heran und sprach: ›Ich bin gekommen, weiser Einsiedler, um dich zu bitten, mir drei Fragen zu beantworten: Welches ist die Zeit, die man einhalten muß und nicht versäumen darf, um hinterher nichts bereuen zu müssen? Welche Leute sind die unentbehrlichsten? Mit welchen Leuten muß man sich also mehr, mit welchen weniger befassen? ... Welche Werke sind die wichtigsten, und welches von allen Werken muß daher zuerst getan werden?‹

Der Einsiedler hörte dem König zu, antwortete aber nicht. Er spuckte in die Hände und begann wieder zu arbeiten. ›Du bist erschöpft‹, sagte der König, ›gib mir den Spaten und setze dich auf die Erde.‹ – ›Danke‹, erwiderte der Einsiedler, reichte dem König den Spaten und setzte sich auf die Erde nieder. Als der König zwei Beete umgegraben hatte, hielt er inne und wiederholte seine Fragen. Der Einsiedler antwortete nicht, stand auf und streckte die Hände nach dem Spaten aus. ›Jetzt ruhe du, ich will nun ...‹, sagte er. Der König aber gab den Spaten nicht her und fuhr fort zu graben. Es verging eine Stunde, eine zweite, die Sonne begann hinter den Bäumen zu verschwinden, da steckte der König den Spaten in die Erde und sagte: ›Ich bin zu dir gekommen, weiser Mann, um auf meine Fragen eine

Antwort zu erhalten. Wenn du nicht antworten kannst, so sag es doch, dann will ich nach Hause gehen.‹

›Sieh einmal, da kommt jemand gelaufen‹, sprach der Einsiedler, ›lass sehen, wer das ist.‹ Der König sah, daß in der Tat aus dem Walde ein bärtiger Mann gelaufen kam. Der hielt sich die Hände vor den Leib und zwischen den Fingern sickerte Blut hervor. Als er bis zum König gelangt war, fiel er zu Boden, lag unbeweglich da und ächzte leise. Der König und der Einsiedler öffneten die Kleider des Mannes. In seinem Leib war eine tiefe Wunde. Der König wusch sie, so gut er konnte, und verband sie mit seinem Taschentuch und mit einem Handtuch des Einsiedlers. Aber das Blut hörte nicht auf zu strömen, und der König nahm zu wiederholten Malen den mit warmem Blut durchtränkten Verband ab, wusch die Wunde von neuem und verband sie wieder. Als das Blut endlich gestillt war, bat der Verwundete um Wasser. Der König trug frisches Wasser herbei und gab ihm zu trinken.

Inzwischen war die Sonne untergegangen, und es war kühl geworden. Mit Hilfe des Einsiedlers trug der König den Verwundeten in die Klause und legte ihn aufs Bett. Der Verwundete schloß die Augen und wurde still. Der König aber war so ermüdet, dass er, auf der Schwelle zusammengekauert, ebenfalls einschlief, und zwar so fest, daß er die ganze kurze Sommernacht verschlief.

Als er am Morgen erwachte, konnte er lange nicht begreifen, wo er war und wer dieser sonderbare bärtige Mann war, der auf dem Lager ausgestreckt lag und ihn unausgesetzt mit leuchtenden Augen ansah. ›Verzeih mir‹, sprach der bärtige Mann mit schwacher Stimme, als er bemerkte, dass der König erwacht war und ihn anblickte. ›Ich kenne dich nicht und habe dir nichts zu verzeihen‹, erwiderte der König. ›Du kennst mich nicht, aber ich kenne dich. Ich bin dein Feind, jener Feind, der geschworen hat, an dir Rache zu nehmen, weil du meinen Bruder hingerichtet und meine Güter genommen hast. Ich habe dich töten wollen, und du hast mir das Leben gerettet. Von nun an, wenn ich am Leben bleibe, und wenn es dir recht ist, will ich dir als dein treuester Gefolgsmann dienen und auch meinen Söhnen will ich das zu tun befehlen. Verzeihe mir!‹

Der König war sehr froh darüber, daß es ihm so leicht gelungen war, sich mit seinem Feinde auszusöhnen, und er verzieh ihm nicht nur, sondern versprach auch, ihm seine Güter zurückzugeben und ihm außerdem seine Diener und seinen Arzt zu schicken.

Als er sich von dem Verwundeten verabschiedet hatte, trat der König hinaus auf die Vortreppe und suchte mit seinen Augen den Einsiedler. Er war draußen bei den Beeten, die er gestern umgegraben hatte, kniete am Boden und säte Gemüsesamen. Der König trat an ihn heran und sprach: ›Zum letzten Mal, du weiser Mann, bitte ich dich, meine Fragen zu beantworten!‹ ›Aber du hast ja deine Antwort schon bekommen!‹ erwiderte der Einsiedler. Er richtete sich auf und sah den König an. ›Ich sollte Antwort bekommen haben?‹ fragte der König. ›Natürlich‹, erwiderte der Einsiedler. ›Hättest du gestern nicht Mitleid mit meiner Schwachheit gehabt und diese Beete umgegraben, sondern wärst du allein zurückgegangen, so hätte dieser Mann dich überfallen, und du hättest bereut, daß du nicht bei mir geblieben bist. Somit war die richtige Zeit jene, als du die Beete umgrubst, und ich war der wichtigste Mann, und das wichtigste Werk war, mir Gutes zu tun. Dann, als jener Mann angelaufen kam, war die wichtigste Zeit, seiner zu pflegen, denn sonst wäre er verblutet, ohne daß er sich mit dir versöhnt hätte. Er war für dich der wichtigste Mensch, und das, was du ihm getan hast, war das wichtigste Werk.

Merke dir – die wichtigste Zeit ist nur eine: der AUGENBLICK. Nur über ihn haben wir Gewalt. Der unentbehrlichste Mensch ist der, mit dem uns der Augenblick zusammenführt; denn niemand kann wissen, ob er noch je mit einem anderen zu tun haben wird. Das wichtigste Werk ist, ihm Gutes zu erweisen – denn nur dazu ward der Mensch ins Leben gesandt.‹«

Für dieses Leben in der Welt in Liebe mit dem jeweiligen Nächsten im Hier und Jetzt wünsche ich Ihnen alles erdenklich Gute! Dieses Mini-Buch möchte ein Beitrag dazu sein!

Noch kein Buddha geworden,
träumt die alte Pinie weiterhin.
(Issa)

Quellen- und Literaturverzeichnis

1 Greisinger, Manfred: *Eros of work & life. Bereit zum Flirt mit dem Erfolg?* Edition Stoareich, Wien 2006

2 Quelle: Wikipedia, Frau Welt

3 Rüttner-Cova, Sonja: *Frau Holle, die gestürzte Göttin. Spuren des Matriarchats in Märchen und Mythen,* Hugendubel Verlag, München 1998

4 Drewermann, Eugen: *Frau Holle. Grimms Märchen tiefenpsychologisch gedeutet,* Walter-Verlag, Düsseldorf 2003

5 Riedel, Ingrid: *Tabu im Märchen. Die Rache der eingesperrten Natur,* dtv, München 1996

6 Tagore, Rabindranath: *Hohe Lieder (Gitanjali),* Kristkeitz-Verlag, Heidelberg 2005

7 Roy, Ravi und Carola: *Selbstheilung durch Homöopathie,* Droemer-Knaur, München 1988

8 Osho: *Das Orakel der Meditation,* Sutra 60, Innenwelt Verlag, Köln 2002

9 Banzhaf, Hajo: Die Interpretation und Deutung der Tugenden wurde abgeleitet aus dem empfehlenswerten Buch *Der Universal Waite Tarot. Deutungsbuch,* Urania Verlag, Berlin 2005

10 Osho: *Das Orakel der Meditation,* Sutra 59, Innenwelt Verlag, Köln 2002

11 Kongtrül, Dzigar: *Dein Leben liegt in deiner Hand*, Arbor Verlag, Landsberg 2006

12 Nydal, Ole: *Buddha und die Liebe*, Droemer-Knaur, München 2007

13 Osho: *Das Orakel der Meditation*, Sutra 69, Innenwelt Verlag, Köln 2002

14 Banzhaf, Hajo: *Tarot und die Reise des Helden*, Hugendubel Verlag, München 1997

15 Osho: *Das Orakel der Meditation*, Sutra 58, Innenwelt Verlag, Köln 2002

16 Muth, Jon J.: *Die drei Fragen, nach einer Geschichte von Leo Tolstoi*, Bombus Verlag, München 2003

Trotz intensiver Bemühungen war es dem Verlag nicht möglich, alle Rechteinhaber ausfindig zu machen. Berechtigte Ansprüche werden honoriert.

Im Buchhandel und Internet finden Sie stets brand-aktuelle Themen, sowie zeitlose Wissensschätze von _Kurt Tepperwein!_

Folgende Bücher und E-Books können Sie direkt über den BoD-Verlag (www.bod.de/www.bod.ch) detailliert einsehen, bevor Sie sich für Ihr Wunschthema entscheiden:

- Ab heute bin ich frei!
- Bäume ausreißen! – Trainingsheft für mehr Motivation
- Berufskrise ade! – Frei sein von Arbeitssucht, Stress, Burn-out, Mobbing, Innerer Kündigung und Arbeitslosigkeit Bewusstseinssprung in eine neue Dimension
- Blinddate mit Magen und Darm
- Bring Farbe in dein Leben mit Dankbarkeit
- Bring Farbe in dein Leben mit einem einfachen Lächeln
- Bring Farbe in dein Leben mit Heiterkeit
- Bring Farbe in dein Leben mit Herzensfülle
- Bring Farbe in dein Leben mit Hingabe pur
- Bring Farbe in dein Leben mit Liebesweisheit
- Bring Farbe in dein Leben mit Seelenkraft
- Bring Farbe in dein Leben mit Stille in dir
- Bring Farbe in dein Leben mit Wertschätzung
- Bring Farbe in dein Leben mit Zeitlosigkeit
- Das Buch der Erfolgsgesetze
- Die hohe Schule des Lebens
- Die Kunst mühelosen Lernens
- Die Praxis der geistigen Gesetze
- Die Renaissance der Frauenpower – 7 Schritte zur Liebesfähigkeit
- Du bist wie du bist!
- Ein Leben ohne Ängste und Sorgen? – Trainingsheft für mehr Lebensqualität
- Einfach nur schön
- Endlich wieder FIT! – Trainingsheft zur Gesunderhaltung
- Erwachen zum wahren Sein
- Folge deinem Leitstern
- Frau sein – ganz sein, Mentaltraining für eine neue Weiblichkeit
- Geistheilung durch sich selbst
- Gelassenheit
- Gelebte Achtsamkeit

- Gestalte dein Leben einfach neu! – Energetischer Impulsgeber zum Thema Alltagsführung
- Gesund für immer
- Glaube an Dich!
- Glücks-Gesetze
- GoldenWay Edition: Das Leben als Einweihungsweg
- GoldenWay Edition: Ihr Zauberstab Gedankenkraft
- Hilf dir selbst. Sei du selbst. Gesunde!
- Kausal-Training
- Leben im Überfluss, Die Zukunft selbst bestimmen
- Leben in der Gegenwart der Engel
- Liebst du mich auch? Energetischer Impulsgeber zum Thema Partnerschaft
- Nie mehr ärgern, bewusster leben
- Nie oder Jetzt! Aufbruch zur wahren Identität
- Out-Burn, Burn-out umkehren. Der Ausweg aus der Erschöpfungsfalle.
- Perlen der Weisheit
- Probleme adieu! Trainingsheft zur Konfliktbesänftigung
- Schreib Dein Leben um
- Selbstbewusst durchs Leben! – Energetischer Impulsgeber zum Selbstwert und Sicherheit
- Selbstheilungskräfte aktivieren
- Sinnfindung leicht gemacht! – Energetischer Impulsgeber zum Thema Bewusstwerdung
- Tepperwein Magazin der neuen Generation
- Tepperwein Magazin der neuen Generation 2
- Tepperwein Magazin: Wünsche & Träume mit Mental-Training verwirklichen
- Von der Angst zur Lebensfreude
- Wahre Freundschaft: Tierisch echt!
- Was wünscht du dir vom Leben?
- WEIH-NACHTEN
- Willkommen in der Leichtigkeit
- Willst du erfolgreich sein? – Leitfaden zu Reichtum und Erfolg
- Wunder vollbringen durch schöpferische Imagination
- Zeit halt, stehengeblieben! – Trainingsheft für ein gutes Zeitmanagement